Erlebnisbericht einer
Frettchenhalterin

In lieber Erinnerung an Shadow, Smart, Kira, Julie, Merlin, Tiny & Lilly.

Yvonne Herold

Frettchen
Das Chaos geht weiter

Teil 2

Bibliografische Information der Deutschen Nationalbibliothek:
Die Deutsche Bibliothek verzeichnet diese Publikation in der Deutschen
Nationalbibliografie; detaillierte bibliografische Daten sind im Internet
über http://dnb.ddb.de abrufbar.

© 2013 Yvonne Herold
Herstellung und Verlag: Books on Demand GmbH, Norderstedt
ISBN 978-3-7322-7476-5

Inhaltsverzeichnis

Vorwort

Kaum zu glauben, aber hier ist Teil 2 meiner „Frettchenbiografie". Nun, das bedeutet, dass mein erstes Buch den Lesern gefallen hat, und das freut mich natürlich sehr.

In meinem ersten Buch habe ich über meine ersten Jahre als Frettchenbesitzer berichtet. Angefangen hatte alles im Februar 2000 mit Kira und Chester, die ich aus einer Zoohandlung holte. Die beiden waren keine Anfängertiere und vor allem Chester brachte mich mit seiner Bissigkeit oft an meine Grenzen. Doch mit der Zeit fassten beide Frettchen Vertrauen, wir wurden ein gutes Team und ich hatte viel Spaß mit den beiden Clowns.

Doch leider hielt das Glück nicht lange. Im Februar 2001 starb Chester. Ich bin mir bis heute nicht sicher, ob ich ihn hätte retten können, wenn ich nur schon etwas mehr Erfahrung gehabt hätte.

Kira durfte natürlich nicht alleine bleiben, und so begann die Suche nach einem zweiten Frettchen. Nach längerem Suchen bekam ich über eine Frettchenhilfe einen Welpen. Pepper zog im Juli 2001 bei mir ein.

Ich war vom „Frettchenvirus" infiziert, und so gesellten sich im Juli 2002 auch noch Julie und Merlin dazu. Nun hatte ich eine schöne kleine Frettchengruppe, die nach einigen Anfangsschwierigkeiten auch sehr schön harmonierte.

Seit 2002 suchte ich nach Gleichgesinnten zum Erfahrungsaustausch und engagierte mich auch mehr im Tierschutz, sodass ich ab und an neben der Aufklärungsarbeit auch kurzzeitig Pflegetiere aufnahm.

Im März 2003 wurde bei Pepper Niereninsuffizienz festgestellt. Er war ein tapferer kleiner Kerl und kämpfte. Doch nach zwanzig Monaten hatte die Krankheit gesiegt und ich musste ihn erlösen lassen.

Im Sommer 2004 durfte ich Shadow, einen Minkwelpen, großziehen. Die sechs Wochen, die sie bei mir war, waren unglaublich anstrengend, aber auch eine wunderbare Erfahrung. Shadow hat sich großartig gemacht, und ich konnte sie in einem Naturpark in der Nähe unterbringen, wo ich sie regelmäßig besuche.

Im Juli 2005 zogen überraschend Smart und Tiny bei mir ein und nun hatte ich fünf Frettchen. Auch diesmal dauerte es einige Zeit, bis sich alle vertrugen und wirklich eine Gruppe waren.

Das erste Buch endete im Frühjahr 2006. Und hier, im April 2006, beginnt die Geschichte des zweiten Teils.

Socke

In der Woche vor Ostern 2006 erhielt ich eine Mail von einer Tierpension. Dort hatte sich jemand gemeldet, der sein Frettchen abgeben wollte. Die Besitzerin der Tierpension bat mich um Hilfe. Einige Infos konnte sie mir schon geben. Es handelte sich um eine 4-jährige Fähe, nicht kastriert und nicht geimpft.

Zwei Tage später rief ich den Mann an. Als Abgabegrund wurde Umzug genannt. Als ich nachfragte, wie dringend es ist, erhielt ich die Antwort: „Spätestens, wenn die neue Couch kommt, muss sie weg!" Wow, so einen Abgabegrund hatte ich noch nie gehört. Aber er war ehrlich. Außerdem teilte er mir mit, dass die Fähe bissig sei. Er selber könne sie problemlos anfassen, aber Besucher wurden bisher immer gebissen. Unschöne Erinnerungen an Merle kamen in mir hoch. Bitte nicht noch einen Beißer!!

Am 28. April holte ich mit einer Bekannten die Fähe dann ab. Sie fristete ihr bisheriges Leben in einem kleinen Kaninchenkäfig. Der Käfig war sauber mit frischen Kuscheltüchern, aber trotzdem alles andere als artgerecht. Futter und Wasser standen dem Tier nicht ständig zur Verfügung. Nach Aussage des Besitzers bekam sie Trockenfutter und einmal in der Woche Dosenfutter. Nun gut, wir nahmen die Süße mit. Sie hörte auf den einfallsreichen Namen Freddy.

Herrchen setzte sie in den Kennel, denn nach mir schnappte sie gleich. Während der Autofahrt kratzte sie wütend am Gitter und versuchte auszubüxen. Nach Händen schnappte sie sofort, und wenn sie einen Zipfel der Jacke erwischte, zerrte sie wie wild daran.

Zu Hause hab ich sie erst mal in Ruhe gelassen. Sie kam sofort aus dem Kennel und erkundete muckernd das Zimmer. Während sie munter lief, schaute ich sie mir genauer an. Sie war eine helle Iltisfähe. Die Maske war kaum ausgeprägt. Das karamellfarbene Fell sah schön und flauschig aus, fühlte sich aber drahtig an. Die Krallen waren recht lang und die Ohren kohlrabenschwarz. Sie war voll in der Ranz.

Den „Verlust" ihres Herrchens hat Freddy überhaupt nicht gut weggesteckt. Sie litt furchtbar und war zwei volle Tage im Hungerstreik. Trocken- oder Dosenfutter in sämtlichen Varianten verschmähte sie. Anfangs machte ich mir keine Sorgen. Die neue Umgebung und der Besitzerwechsel bedeuteten immer Stress, und da konnte ein sensibles Tier schon mal das Futter verweigern. Als sie einen halben Tag nichts fraß, war ich nicht weiter beunruhigt. Ein voller Tag im Hungerstreik erstaunte mich schon. Nach anderthalb Tagen fing ich an, mir Sorgen zu machen. Nach zwei Tagen wollte ich zum Tierarzt, aber glücklicherweise fing sie an zu fressen.

Die erste Zeit biss sie auch und war ständig am Fauchen. Auf jedes Beißen oder Fauchen folgte immer ein kurzes, sehr hohes und klägliches Muckern. Die Kleine tat mit furchtbar leid. Und da sie so eine arme Socke war, bekam sie auch diesen Namen und wurde von Freddy umgetauft auf Socke.

Nach anderthalb Tagen wurde das Beißen weniger, und ich konnte sie schon streicheln, ohne dass sie schnappte. Trotzdem war sie noch ziemlich durcheinander und unruhig. Da sie immer noch hoch in der Ranz war, bekam sie am 3. Mai eine Hormonspritze, um die Ranz zu unterbrechen. Schon am nächsten Tag ging es ihr wesentlich besser, sie war nicht mehr so ruhelos und wollte sogar schmusen. Ab jetzt kam sie nicht mal mehr auf die Idee zu beißen, stattdessen wurde sie eine richtige Schmusebacke und fing sogar zaghaft an zu spielen.

Es war kein Spielen im eigentlichen Sinne. Sie war leicht zu erschrecken. Also wedelte ich anfangs vorsichtig mit einem Tuch vor ihrer Nase und sie begann mit einem zaghaften Veitstanz. Ich glaube, in diesem Moment freute ich mich mehr als sie. Langsam steigerten wir den „Schwierigkeitsgrad". Sie raufte nun schon mit meiner Hand und ließ es zu, dass ich sie auf den Rücken drehte und am Bauch kitzelte.

Für Pflegetiere stellte ich immer ein Kuschelkörbchen bereit. Doch Socke mochte es nicht. Sie hatte früher ein kleines Häuschen und mochte wohl nicht offen schlafen. Jedenfalls fand ich sie nie im Schlafkörbchen, sondern immer in der Röhre. Dort hatte sie sich zusammengerollt und schlief. Also versuchte ich, ihr Ersatz zu geben, indem ich ihr einen Karton hinstellte, in den ich ein Loch geschnitten und Kuscheltücher gelegt hatte. Diesen Karton nahm sie dankbar an.

Als Socke sich etwas eingelebt hatte und auch schon spielte, wagte ich einen kleinen Versuch. Sie war vier Jahre lang allein gehalten worden, und ich machte mir nicht viel Hoffnung, dass sie zu vergesellschaften war, aber ich wollte es testen. Ich wählte Smart dafür aus. Er inspizierte sofort muckernd Sockes Schlafbox. Sie war keineswegs ängstlich, sondern lief ihm neugierig und heiser muckernd hinterher. Selbst als sich Smart ihr direkt zuwandte, war Socke die Ruhe selbst - kein Schreien, keine Angsthäufchen, nichts. Die beiden beschnüffelten sich ausgiebig, dann schnappte sich Smart Socke und zerrte sie am Schlafittchen durch die Gegend und sie ließ es sich gefallen. Als ich sie befreite, „rächte" sie sich bei Smart mit einer Putzattacke, die er nur schwer abwehren konnte. Ich beendete dieses Zusammentreffen und war guter Dinge, dass Socke nicht für immer alleine bleiben müsste.

Da sie so sehr gelitten hatte unter der Abgabe, schloss ich die kleine Maus sehr schnell in mein Herz und dachte natürlich kurz darüber nach, sie zu behalten. Doch ich musste auch realistisch bleiben. Fünf Frettchen waren genug.

Am 07. Mai kam Socke in eine andere Pflegestelle.

Tweety

Am 03. Mai 2006 erhielt ich eine Mail von einer Bekannten, die mich um Hilfe bat. Sie wusste von jemandem, der drei Frettchen hielt und auch züchtete. Das dritte Frettchen hatte er gerade vor zwei Wochen bekommen, die Fähe war ausgesetzt worden. Sie war nicht kastriert und ranzig, und er steckte sie natürlich gleich zu seinem Rüden. Dumm nur, dass die Fähe nicht trächtig wurde. Meine Bekannte versuchte, ihm zu erklären, wie lebenswichtig eine Kastration für die Fähe ist, doch das wurde von ihm aus Kostengründen abgelehnt. Aber er war bereit, die Fähe abzugeben.

Da ich noch Socke in Pflege hatte, musste erst mal organisiert werden. Eine Bekannte würde die Fähe für eine Nacht nehmen, dann würden sie und Socke in eine andere Pflegestelle kommen bis zur Vermittlung.

Am 06. Mai fuhren wir hin, um die Albinofähe abzuholen. Leider war der Herr nicht, wie vereinbart, vor Ort. Eine Bekannte informierte ihn über Handy über unseren Besuch, und er gab telefonisch das Okay, dass wir die Fähe mitnehmen dürften. Aber wir müssten das Tier selber fangen, und seine Bekannte erhielt die Anweisung, darauf zu achten, dass wir auch ja das richtige Frettchen mitnahmen und die anderen beiden nicht rausließen oder anfassten. Also wurden wir zum „Käfig" gebracht. Die drei Frettchen hausten in einem eckigen Holzhäuschen von vielleicht einem Meter Durchmesser. Die Seitenwände waren aus Plexiglas, Boden und Dach aus Holz. An eine Seitenwand schloss das Schlafhäuschen an, dass man aber nicht weiter erkennen konnte. Am Käfig hing eine recht große Nippeltränke, im Käfig selber stand ein Napf mit Trockenfutter. Die Käfigeinrichtung bestand aus ... nichts! Da gab es absolut nichts, es war ja auch kein Platz.

Der Käfig bestand aus zwei Etagen. Die untere Etage war etwa handhoch und diente einigen Meerschweinchen, die gerade im Garten frei liefen, als Nachtlager. Die obere Etage wurde von den Frettchen bewohnt. Ich nahm an, dass die Meerschweinchen von ihren „WG-Partnern" nicht sehr begeistert waren. Die Nächte waren sicher stressig für die kleinen Nager, die ständig den Geruch von Raubtieren in der Nase hatten.

Die Frettchen waren im Schlafhäuschen, also klopfte ich vorsichtig ans Plexiglas und lockte sie. Schon einen Augenblick später schaute die Albinofähe verschlafen aus der Box und kam nach einem herzhaften Gähnen neugierig näher. Kurz darauf folgten eine Iltisfähe und ein Iltisrüde. Die Tiere sahen recht gut aus, hatten klare Augen, sauberes Fell und waren interessiert. Die beiden Fähen waren von normaler Statur, aber der Rüde war wirklich riesig. Ich hatte noch nie ein so großes Frettchen gesehen!

Die Haltungsbedingungen waren absoluter Mist, doch da der Besitzer nicht anwesend war, konnten wir nicht viel ausrichten. Die Frau, die uns zum Käfig geführt hatte, hatte nach eigenen Angaben keine Ahnung von Frettchen. Also blieb uns nichts anderes übrig, als die Albinofähe einzupacken und zu gehen.

Die Lady war anfangs recht genervt und schnappte, aber nach genügend Auslauf und Beschäftigung gab sich das schnell. Sie war ein sehr schönes Tier. Reinweiß, obwohl sie in der Ranz war. Ich liebe Albinos und hätte gerne noch mehr davon in meiner Gruppe gehabt. Doch momentan waren meine Platzkapazitäten voll ausgeschöpft.

Die Kleine wurde Tweety getauft. Bis zum nächsten Tag lief sie mit den drei Rüden meiner Bekannten zusammen. Tweety war weder ängstlich noch aggressiv, aber sie hatte eine ordentliche Portion Selbstvertrauen und „sagte" von Anfang an, wo es langgeht. Und die drei Herren spurten.

Noch am Abend nahm meine Bekannte telefonisch Kontakt mit dem „Züchter" auf und erklärte ihm, was er ändern müsse, und lud ihn ein, sich ihr Außengehege anzusehen. Der Mann war allerdings sehr arrogant und uneinsichtig und lehnte jegliche Anregungen und Hilfsangebote ab. Bei so viel Ignoranz gaben wir uns aber trotzdem noch nicht geschlagen, denn den verbleibenden zwei Frettchen dort mussten bessere Bedingungen geschaffen werden, zumal die Iltisfähe auch noch trächtig sein sollte. Also wurden die Behörden eingeschaltet, und diese erteilten dem Halter Auflagen.

Am nächsten Nachmittag kam Tweety zu mir und abends zog sie mit Socke in eine andere Pflegestelle.

Fletcher

Es war der 12. Mai 2006, mein letzter Arbeitstag vor dem wohlverdienten Urlaub. Ich hatte mir schon eine Liste geschrieben mit Ausflügen, die ich gern machen wollte. Gegen 11 Uhr klingelte das Telefon. Mein Tierarzt war dran. Es wurde wieder ein Minkwelpe abgegeben. Der Kleine wurde in einer Garage auf dem Lande gefunden. Er sei schon recht groß, habe die Augen schon geöffnet und auch schon Zähne, wurde mir mitgeteilt. Ich wurde gefragt, ob ich ihn nehmen würde. So schnell können sich Urlaubspläne ändern. Natürlich sagte ich zu. Nach der Arbeit fuhr ich als Erstes einkaufen. Ich musste Welpenfutter, Fleisch und Fisch besorgen. Im Supermarkt stand ich ziemlich geschockt vor dem Tiefkühlregal mit dem Fisch. Meine Güte, waren das Preise! Wenn es um meine Frettchen oder Pflegetiere ging, war ich eigentlich nicht knauserig, aber das war dann doch etwas arg. Ich entschloss mich, morgen in einem anderen Supermarkt Fisch zu kaufen.

Nachdem ich zu Hause alles für den kleinen Findling vorbereitet hatte, fuhr ich kurz nach fünf zum Tierarzt, um den Welpen abzuholen. Die Tierarzthelferin erzählte mir ganz begeistert, dass der Lütte schon schön gefressen hätte und wirklich schon sehr groß sei. Dann flitzte sie los, um ihn zu holen. Währenddessen erzählte mir eine andere Tierarzthelferin, dass es sich um einen graubraunen Rüdenwelpen handelte. Graubraun? Dann wurde mir auch schon stolz der Welpe entgegengehalten. Mein erster Kommentar bestand aus dem Satz: „Das ist kein Mink, das ist ein Steinmarder!" Verwunderung auf allen Gesichtern. Wirklich ein Steinmarder? Aber das war ganz einfach am wirklich graubraunen Fell und dem großen weißen Kehlfleck zu erkennen. Egal ob Mink oder Steinmarder, ich packte den Knirps ein und fuhr nach Hause. Im Gehen wurde mir noch mitgeteilt, dass der Steini auch schon einen Namen hätte. Man hatte ihn Klaus-Dieter getauft. Ich protestierte auf das Heftigste! Das war doch kein Name für einen Steinmarder! Mir würde sicherlich was Schöneres und Passenderes einfallen.

Zu Hause wurde der kleine Mann genauer unter die Lupe genommen. Es war wirklich ein Rüde. Aber groß war er nicht, jedenfalls nicht für einen Steinmarder. Die Waage zeigte 330 Gramm an. Das Fell sah zwar etwas staubig aus, war aber weich, und er hatte keine Flöhe oder Zecken. Er sah aus, als hätte er gerade erst die Augen geöffnet, und stand mehr schlecht als recht auf seinen kleinen Beinchen. Sein Bäuchlein war dick und hart, was ich nicht unbedingt als gutes Zeichen wertete.

Das Fell war graubraun, die Pfoten und der Schwanz dunkler, fast schwarz. Unter dem Kinn begann sein leuchtend weißer Kehlfleck, der sich an der Kehle gabelte und bis zu den Beinansätzen verlief. Die kleine Nase war schokobraun. Er hatte riesige Pfoten mit kleinen, stark gebogenen und messerscharfen Krallen. Die großen tiefschwarzen Knopfaugen blickten müde. Im Mäulchen konnte man erkennen, dass die Fangzähne gerade dabei waren, durchzubrechen, und schon etwa einen Millimeter aus dem Zahnfleisch ragten. Damit würde er noch kein Fleisch kauen können. Und zum Glück hatte ich keinen Fisch gekauft. Ich legte das Würmchen erst mal ins warme Kuschelkörbchen und durchsuchte meine Literatur nach Infos über Steinmarder. Die Ausbeute war recht kläglich, aber zum Glück wusste ich, im Gegensatz zu damals, als ich Shadow bekam (siehe Buch 1), wo ich fachkundigen Rat erhalten würde. Also rief ich in Leipzig an und beschrieb dort den Entwicklungsstand des Welpen. Er wurde demnach auf ein Alter von circa fünf bis sechs Wochen geschätzt. Das bedeutete, dass er noch alle zwei Stunden die Flasche brauchte!

Nachdem ich mir schnell die Fülle von Informationen, die mir mitgeteilt wurden, notiert hatte, musste ich los. Es war schon nach sechs und ich war für ein Flaschenkind nicht ausgerüstet. Mein erster Weg führte zurück zum Tierarzt. Dort bekam ich kostenlos Milchpulver für die Handaufzucht von Katzenwelpen. Leider hatten sie keine Nuckelflaschen mehr vorrätig. Also ab in die Apotheke. Dort hatte man leider auch keine passenden Nuckelflaschen. Die Verkäuferin wollte gerne helfen und legte mir Nuckelflaschen für Säuglinge vor, aber diese waren natürlich viel zu groß. Trotzdem fand ich ihre Bemühungen sehr nett. Die Uhr zeigte nach halb sieben. Also hatte die Zoohandlung bereits geschlossen. Aber eventuell hatte der Fressnapf noch geöffnet. Wenn der Verkehr nicht zu stark war, wäre ich in einer guten halben Stunde dort. Ich fuhr mit Bleifuß, doch leider stand ich trotzdem vor verschlossenen Türen, denn geöffnet war nur bis halb sieben.

Nun gut, diese Nacht mussten wir irgendwie ohne Nuckelflasche überstehen. Zur Not würde eine kleine Spritze sicherlich auch ihre Dienste tun. Also rührte ich alle zwei Stunden etwas Milch mit warmem Wasser an und versuchte, den kleinen Mann zum Trinken zu bringen. Aber er wollte einfach nicht. Ich gab ihm einen Tropfen aufs Mäulchen, auch das nahm er nicht an. Dann schob ich ihm die Spritze vorsichtig zwischen die Kiefer und tropfte Milch ins Maul. Ich musste sehr vorsichtig sein, damit er sich nicht verschluckte. Dann massierte ich ihm den Hals, um ihn zum Schlucken zu animieren. Aber er weigerte sich hartnäckig. Sein kleines Mäulchen war fest verschlossen und er wehrte sich mit Kratzen. Das ging die halbe Nacht so. Er wollte einfach nicht trinken. Ich massierte ihm auch jedes Mal vorsichtig den immer noch sehr geblähten und harten Bauch. Ich hatte große Angst, dass er sich aufgeben und es nicht schaffen würde. Aus Verzweiflung bot ich ihm Dosenfutter an. Als er es roch, krabbelte er sofort und so schnell er konnte zum Teller und saugte an einem Brocken. Er wollte also kämpfen! Da er am Dosenfutter nur saugte, machte ihn das nicht satt. Ich versuchte es wieder mit Milch, diesmal etwas dicker angerührt, aber er weigerte sich auch diesmal. Dann machte ich die Milch etwas dünner, wieder kein Erfolg. Nun zog ich einfach etwas lauwarmes Wasser in der Spritze auf und siehe da, er nahm es an! Das machte zwar auch nicht satt, aber wenigstens nahm er Flüssigkeit zu sich. Nach dem Füttern machte ich ihn mit einem feuchten Tuch sauber und massierte wieder das Bäuchlein. So überstand er mehr oder weniger hungrig die Nacht.

Ich hätte nicht gedacht, dass es mir doch so relativ leichtfällt, über Nacht alle zwei Stunden aufzustehen. Wahrscheinlich war die Sorge um den Krümel größer als die Müdigkeit. Smart war immer ganz begeistert, dass ich so oft aufstand, und kam jedes Mal angehüpft, um mich zum Toben aufzufordern. Allerdings ging ich nicht darauf ein und er blieb meist enttäuscht zurück.

Morgens musste ich mich erst mal um meine Frettchen kümmern, die schon etwas durcheinander waren. So wurde nach dem Füttern ausgiebig geknuddelt. Wundersamerweise gab es, obwohl alle den Welpen schon allein durch den Geruch bemerkt haben mussten, keinerlei Stress. Kein Protestgekacke, kein Kratzen an der Tür oder wütendes Muckern. Dann musste ich mich aber auch schon wieder um den Kleinen kümmern und nach dem Füttern fuhr ich sofort zum Zoohandel. Dort kaufte ich Milchersatz einer anderen Marke und Nuckel. Flaschen hatten sie keine, aber bevor ich die nirgends bekommen würde und weil die Geschäfte samstags ja nicht lange aufhaben, nahm ich sicherheitshalber die Nuckel mit. Diese könnte man über eine Spritze stülpen und der

Welpe könnte besser trinken. Dann fuhr ich wieder zum Fressnapf, und dort fand ich auch endlich geeignete Nuckelflaschen.

Zu Hause wurden Flasche und Nuckel ordentlich mit heißem Wasser abgespült, um den Gummigeschmack zu vertreiben. Dann war etwas Fummelarbeit nötig, denn es war gar nicht so einfach, ein weder zu kleines noch zu großes Loch in den Nuckel zu stechen. Nachdem das Loch beim ersten Nuckel zu groß wurde, habe ich es aber im zweiten Anlauf geschafft. Genug Nuckel hatte ich ja zum Glück. Dann rührte ich die neue Milchsorte an und hielt dem Welpen die Flasche vor die Nase. Er war erst gar nicht begeistert, es roch wohl noch zu sehr nach Gummi. Also schmierte ich etwas Milch außen auf den Nuckel und gab ihm einen Tropfen aufs Mäulchen. Nachdem er den Tropfen abgeleckt hatte, nahm er gierig den Nuckel und trank schön. Ich war erleichtert und total happy. Schon in der Nacht hatte ich begonnen, mir aufzuschreiben, wann er wie viel getrunken hatte, und nun konnte ich auch endlich notieren, dass er fünf Milliliter Milch getrunken hatte. Nach der Mahlzeit wischte ich ihm die Milchreste von der beschmierten Schnute, was ihm gar nicht gefiel, und massierte wieder seinen Bauch, um die Verdauung und den Kotabsatz anzuregen. Nachdem er sein Geschäft erledigt hatte und ich ihn wieder sauber gemacht hatte, konnte ich einen satten und zufriedenen Steinmarder in sein Bettchen legen. Ich behielt ihn jedoch so lange auf dem Schoß und streichelte ihn, bis er eingeschlafen war.

Der Welpe und ich brauchten ein paar Anläufe, aber nach etwa einem Tag hatten wir herausgefunden, wie ich am besten die Flasche halte und er am besten trinken kann. Ich setzte ihn mir dazu aufs angewinkelte Knie. Er steigerte seinen Milchkonsum sehr schnell auf zehn bis fünfzehn Milliliter pro Mahlzeit. Da er jetzt gut trank, brauchte ich ihm nur noch alle drei Stunden die Flasche zu geben.

Den ersten Tag, an dem er die Milch nahm, hatte er leichten Durchfall. Wahrscheinlich durch die Futterumstellung. Doch danach war der Kot fest und sah durch die Milch gelb aus.

Nach zwei Tagen war der Kleine schon wieder gut drauf und fing an zu krabbeln. Laufen konnte man es noch nicht nennen, da ihm die Hinterbeinchen noch nicht richtig gehorchen wollten. Aber er gab nicht auf und übte fleißig.

Inzwischen hatte ich meinen Tagesablauf auf den kleinen Mann umgestellt. Nachts war es immer noch anstrengend, aber es half nichts. Zwischen den Fütterungen kümmerte ich mich um meine Frettchen, die ja auch nicht zu kurz kommen durften, und telefonierte immer wieder mit Leipzig, um mich weiter zu informieren und über die Fortschritte und den Entwicklungsstand meines Schützlings zu berichten.

In den nächsten Tagen machte der Steini gute Fortschritte. Er lief jetzt schon tapsig durch die Gegend und war so goldig. Während der ersten Woche bei mir nahm er einhundert Gramm zu und wog jetzt 432 Gramm.

Nach einer Woche Tag und Nacht im Stundenrhythmus Füttern fiel mir das nächtliche Aufstehen keineswegs mehr leicht. Ich hatte das Gefühl, dass der Wecker schon wieder klingelte, kaum dass ich die Augen geschlossen hatte. Inzwischen ließ ich nachts das Licht an, um schneller aus dem Bett zu kommen, und nahm auch die Brille nicht mehr ab. Jede Sekunde Schlaf war kostbar. Immer hatte ich meinen absoluten Tiefpunkt zwischen drei und fünf Uhr morgens und auch nachmittags um diese Uhrzeit.

Wenn ich zum Füttern zu ihm ging, schlief er meist noch. Ich nahm ihn dann auf den Arm und machte ihn zuallererst mit einem feuchten Tuch sauber, denn der Welpe ging noch nicht in eine bestimmte Ecke aufs Klo. Also hieß es: den Steini putzen und Handtücher wechseln. Es war unglaublich, was ich zu waschen hatte. Alle zwei Stunden brauchte ich ein bis zwei neue Handtücher. So kam täglich eine Waschladung zusammen. Ich musste auch sonntags waschen, Hausordnung hin oder her, sonst hätte ich einen „Engpass" riskiert. Nachdem Steini und Schlafplatz sauber waren, wurde kurz getobt. Meistens kabbelte er auf meinem Schoß mit meiner Hand oder spielte mit meinem Hosenbein. Er hatte unglaublich scharfe Krallen. Meine Hände sahen ziemlich übel aus und ich musste oft die Zähne zusammenbeißen.

Dann rührte ich Milch an und der Kleine bekam seine Flasche. Inzwischen trank er zwischen fünfzehn und zwanzig Milliliter pro Mahlzeit. Meistens machte er zwischendurch eine Pause, um aufs Klo zu gehen. Danach trank er noch mal. Dann kam wieder das von ihm sehr ungeliebte Saubermachen. Aber er lief immer mit einem Milchbart herum, und der musste abgewischt werden. Er versuchte immer, meine Hand mit den Pfoten wegzudrücken, aber ich kannte kein Pardon. Nachdem die kleine Schnute sauber war, wurde der Bauch massiert, um die Verdauung anzuregen. Dann ließ ich ihn noch mal laufen und spielen, bis er müde war.

Vom Wecken bis zum Schlafengehen waren es meist fünfundvierzig Minuten, dann war er müde. Ich nahm ihn dann auf den Schoß, um ihn zu knuddeln, bis er eingeschlafen war. Ich konnte mich nie sattsehen an diesem süßen Fratz – die riesigen Pfoten, der schöne Kehlfleck, die Knopfaugen und diese niedliche schokobraune Nase waren einfach zu schön. Dieses kleine Würmchen konnte in Sekunden alle Herzen brechen und weckte sämtliche Beschützerinstinkte in einem.

Im Schlaf zuckten seine Pfötchen wie wild. Ich kannte das schon von Merlin. Der Kleine träumte sehr intensiv. Kein Wunder, er hatte ja auch so viele Eindrücke zu verarbeiten.

Noch immer hatte ich keinen Namen für den Knirps gefunden. Der Name sollte ja auch zu ihm passen. Als ich ihn dann im Schlaf so zucken sah, schlug ich im Englischwörterbuch nach. Unter „zappeln" fand ich das Wort „fidget". Das gefiel mir, und so nannte ich ihn Fidget.

Allerdings stellte ich schon bald fest, dass mir dieser Name nicht so leicht über die Lippen kam. Immer öfter wurde aus Fidget Fletcher und so beließ ich es dabei. Der kleine Mann hieß nun Fletcher.

Am 18. Mai bot ich Fletcher nachmittags zum ersten Mal feste Nahrung in Form von Fleisch an. Meine Wahl fiel auf Putenherz. Damit er sich nicht verschlucken konnte, halbierte ich das Herz nur. Seine Schneidezähne waren zwar noch nicht durchgebrochen, aber ich konnte sie schon deutlich fühlen, wenn er auf meinen Fingern rumkaute.

Sobald Fletcher das Fleisch roch, wurde er ganz aufgeregt und lief in die Richtung, aus der der verlockende Geruch kam. Sein Geruchssinn war schon gut ausgeprägt. Fletcher legt sich hin, nahm das Putenherz zwischen die Vorderpfoten und kaute fleißig drauflos. Dabei schmatzte er ganz niedlich. Beim Futtern entwickelte Fletcher eine große Ausdauer. Er brauchte mehr als fünf Minuten, bis er ein halbes Herz aufgefressen hatte. Dann war er satt und leckte zufrieden sein Mäulchen.

Nun war Fletcher seit gut einer Woche bei mir, und inzwischen machte er nicht mehr einfach überall hin, sondern hatte sich zwei bestimmte Ecken dafür ausgesucht, die er auch immer brav aufsuchte, wenn er sein Geschäft verrichtete. Das entlastete meine Waschmaschine doch sehr. Jetzt lief er auch schon etwas koordinierter. Es sah noch etwas wackelig aus, aber er konnte geradeaus laufen und fiel nicht mehr um.

Natürlich sollte die Umstellung auf feste Nahrung langsam erfolgen, und so gab es nach der ersten Fleischmahlzeit abends wieder wie gewohnt Milch. Inzwischen hatte ich die Fütterungsintervalle auf dreieinhalb bis vier Stunden erhöht. Drei Milchmahlzeiten ging alles gut, dann jedoch hatte Fletcher starken Durchfall. Ich weiß nicht woher, die Milch rührte ich immer frisch an, Reste hob ich nie auf, sondern warf sie weg. Flasche und Nuckel wurden nach jeder Mahlzeit mit kochend heißem Wasser gereinigt. Es war mir ein absolutes Rätsel, warum Fletcher auf einmal so starken Durchfall hatte. Jedenfalls verweigerte er den nächsten halben Tag jegliches Futter. Egal, was ich für ihn zusammenstellte, er nahm nichts. Erst abends fing er wieder langsam an zu fressen, aber Milch nahm er nie wieder. So musste ich die Fütterung doch recht abrupt auf feste Nahrung umstellen. Statt der Milch bekam er nun Wasser und ab und zu etwas Fencheltee aus der Flasche.

Hauptsächlich bekam er nun hochwertiges Katzennassfutter, das mit Wasser zu einem Brei verrührt wurde. Er fraß schon sehr selbstständig, auch wenn er immer eine Riesensauerei veranstaltete. Fletcher stellte sich nämlich gerne mit seinen Vorderpfötchen in den Futternapf, während er fleißig vor sich hin mampfte. Er sah nach dem Fressen immer ganz „reizend" aus und schrie förmlich nach einer Säuberung mit einem feuchten Tuch. Wenn es allerdings nach ihm gegangen wäre, hätte ich diese Prozedur ruhig lassen können. Er mochte es absolut nicht, sauber gemacht zu werden.

Neben Dosenfutter bekam er nun auch oft Fleisch angeboten und pflanzliche Nahrung. Er nahm gerne Rinderhack, Wachtelbrust und Putenherzen. An pflanzlicher Nahrung versuchte ich ihm das zu bieten, was er auch in freier Natur vorfinden würde. Steinmarder ernähren sich im Spätsommer/Herbst manchmal wochenlang fast ausschließlich vegetarisch. Und so musste ich die Aufgabe der Mutterfähe übernehmen und Fletcher zeigen, was essbar ist. So bekam er in kleinen Mengen Weintrauben, Äpfel, Birnen, Blaubeeren, Himbeeren, Aprikosen und Kirschen angeboten. Anfangs zermatschte ich die Früchte und mischte sie unters Nassfutter. Später gab ich sie Fletcher auch im Ganzen, damit er sich neben Geruch und Geschmack auch das Aussehen seiner

Nahrung einprägen konnte. Ich brauchte ihn jetzt nur noch alle vier Stunden zu füttern und bekam so wieder etwas mehr Schlaf.

Fletcher entwickelte sich prächtig. Nach zehn Tagen wog er nun schon fünfhundert Gramm und bewegte sich sehr koordiniert, wenn auch natürlich noch mit der welpentypischen Tollpatschigkeit. Sein Tagesablauf bestand nun nicht mehr vorrangig aus Schlafen und Fressen, sondern zu einem Großteil auch aus Spielen. Fangen und Anschleichen waren seine liebsten Spiele, und er war so süß dabei, dass ich ständig grinsen musste. Steinmarder spielen völlig anders als Frettchen. Einen Veitstanz hatte ich bei Fletcher nie gesehen, nicht mal ansatzweise. Er lief beim Spielen auch niemals rückwärts wie Frettchen. Aber er hüpfte sehr gerne. Frettchen tun dies meist im Rückwärtsgang, Fletcher hingegen sprang einfach nur kerzengerade in die Luft und landete exakt an der Stelle, wo er losgehüpft war. Es war schon ein amüsanter Anblick. Was aber absolut bezaubernd war, war sein Gesichtsausdruck beim Toben. Nachdem Fletcher bei mir eingezogen war, suchte ich im Internet nach Lektüre über Steinmarder und stieß auf das Buch „Von Mardern und Menschen". Es war mir, neben der telefonischen Unterstützung aus Leipzig, eine große Hilfe. Dort wurde für den Gesichtsausdruck beim Toben der Begriff „Spielgesicht" verwendet, was ich absolut zutreffend finde. Diese Mimik war enorm ausdrucksstark, es schien, als würde der Steini über das ganze Gesicht lachen. Wenn einem so ein Kerlchen mit vor Freude glänzenden Augen und leicht geöffnetem Mäulchen entgegengetapst kommt, dann geht einem einfach das Herz auf.

Das tägliche Wiegen gestaltete sich bei einem so quirligen Knirps inzwischen recht schwierig. Früher konnte ich Fletcher auf die Waage setzten und er blieb still liegen, damit war es nun aber aus und vorbei. Wenn er wach war, wollte er toben und nicht dumm rumsitzen. Die Waage hatte so ihre liebe Mühe, ein Gewicht auszupendeln.

Während der Zeit, in der Fletcher bei mir war, gab es zweimal Ereignisse, wo ich meinen Nachbarn für ihre Gutmütigkeit absolut dankbar bin. Fletcher war nun schon sehr aktiv, wechselte öfter die Schlafplätze und war ein munteres Kerlchen. Man vergisst nur allzu leicht, dass es sich bei Steinmardern, auch wenn es noch Welpen sind, um Wildtiere handelt. Ich war im Umgang mit meinen Tieren eher leise. Meine Frettchen waren das so gewöhnt, ich redete leise mit ihnen, hörte in ihrem Beisein nie laute Musik und stellte auch den Fernseher nicht zu laut. Von daher ging ich auch mit Fletcher so um. Laute Geräusche erschreckten ihn sowieso. Wenn meine Frettchen mich mal nicht kommen sahen, zuckten sie im schlimmsten Fall mal kurz zusammen oder rannten muckernd weg, aber Fletcher war kein Frettchen. Es war noch sehr früh am Morgen und ich wollte ihn füttern. Ich ging ins Zimmer und hockte mich vor Fletcher, der noch schlief. Er wurde plötzlich wach und erschreckte sich fürchterlich. In diesem Moment hatte er mich scheinbar nicht erkannt, sondern nur wahrgenommen, dass jemand vor ihm hockte und seinen Fluchtweg abschnitt. Er ließ einen ohrenbetäubenden Schrei los, der mir durch Mark und Bein ging. Dann knurrte er. Er knurrte tatsächlich wie ein Hund. So einem kleinen Wicht hätte ich solch ein kräftiges Organ gar nicht zugetraut. Man hätte denken können, ein mittelgroßer Hund knurrte. Um ihn nicht noch mehr zu ängstigen, ging ich langsam rückwärts aus dem Zimmer und schloss die Tür. Ich gab ihm einige Minuten Zeit, dann ging ich wieder zu ihm. Und Fletcher tat, als wäre nichts geschehen, forderte mich zum Toben auf und wartete ungeduldig auf seine Futterration. Seit diesem Tage war ich vorsichtiger und versuchte, mich anzukündigen, etwa, indem ich bereits anfing zu reden, bevor ich zu Fletcher ins Zimmer ging. Trotzdem kam es noch einmal vor, dass Fletcher mich zu spät bemerkte und wieder so einen fürchterlichen Schrei losließ.

Wie schon damals Shadow musste auch Fletcher für 16 Tage in Quarantäne, um ganz sicher zu sein, dass er nicht eventuell Staupe hatte. Das Risiko war gering, aber ich war bekanntermaßen ja ein übervorsichtiger Mensch. Nun konnte Fletcher also auch den Rest der Wohnung erkunden. Die Frettchen sperrte ich natürlich so lange weg. Fletcher war anfangs sehr vorsichtig und nutzte jede Deckung, die sich ihm bot. Ich setzte mich still dazu und beobachtete ihn. Genau wie Frettchen in fremder Umgebung vermied auch Fletcher es, auf offenes Terrain zu gelangen, und erkundete das Wohnzimmer vorrangig an den Wänden entlang, unter der Anbauwand und dem Korbsessel. Er kletterte furchtbar gerne und hatte nun auf Couch und Korbsessel etliche Möglichkeiten, herumzuturnen. Auch die Frettchenröhren interessierten ihn sehr. Allerdings nur die dunklen, die durchsichtige beachtete er nicht einmal. Ich hatte jedoch ein umfunktioniertes Abflussrohr im Zimmer liegen, was ihn magisch anzog. Immer wieder krabbelte er hinein und konnte sich dort minutenlang beschäftigen.

Ich hatte gehofft, dass ich mir nun, wo Fletcher im Wohnzimmer spielt, eine kleine Pause gönnen könnte. Aber keine Chance! Fletcher war zwar damit beschäftigt die neue Umgebung zu erkunden, aber dann entdeckte er die Katzenklos. Bisher hatte er in seinem Zimmer in seiner Kloecke Küchentücher liegen. Jetzt sah er zum ersten Mal Katzenstreu. Er fand das Zeug sehr interessant. Und wie Welpen nun mal so sind, musste er die Streu auch mal ins Mäulchen nehmen. Vielleicht kann man das ja fressen? Sofort nahm ich ihn hoch und pulte ihm die Bröckchen aus der Gusche. Aber Fletcher war auf den Geschmack gekommen. Wann immer er seither beim Spielen auf ein Katzenklo traf, nahm er einen Happs. Das war natürlich absolut gefährlich, und so musste ich immer in der Nähe sein und ihn von den Katzenklos fernhalten.

Fletcher war inzwischen so aktiv, dass ich kein passender Spielpartner mehr für ihn war. Er war unterfordert mit mir. Er brauchte jemanden zum Raufen, jemanden, mit dem er arttypische Verhaltensweisen trainieren und festigen konnte. Ich war schon längst auf die Suche nach einem zweiten Steinmarderwelpen gegangen, doch ich wurde nicht fündig. Wäre ein Frettchen eventuell ein passender Spielpartner für ihn? Immerhin handelte es sich bei beiden Spezies um Marder. Sie hatten also Gemeinsamkeiten. Ich recherchierte dazu im Internet. Es gab unterschiedliche Meinungen. Die einen meinten, Frettchen und Steinmarder würden nicht miteinander klarkommen, weil sie viel zu verschieden sind. Andere meinten, es ist durchaus möglich. Ich entschied mich dafür, es zu versuchen. Fletcher musste seine Motorik noch verbessern, das würde er nur im Spiel mit anderen Mardern können.

Für ein erstes Zusammentreffen wählte ich Kira und Smart aus. Kira war eigentlich anderen Tieren gegenüber nie aggressiv. Wenn sie unsicher war, ging sie dem Neuling lieber aus dem Weg. Mein Ömchen war ja nun schon 8 Jahre alt und schon sehr ruhig. Sie erkannte natürlich sofort, dass ein Welpe vor ihr stand, auch wenn er doch ein recht komisches Frettchen war. Eine Weile beschnupperte sie ihn interessiert, knuffte ihn mal kurz in den Hals, ignorierte ihn dann aber. Fletcher hingegen fand das alles mehr als spannend. Nachdem die erste Unsicherheit verflogen war, erfolgte seine Kontaktaufnahme mit der für Welpen typischen

Unbekümmertheit. Oh, ein Spielkamerad, toll! Zack, er machte einen Satz in die Luft und landete zielsicher auf Kiras Rücken! Die fand das gar nicht lustig und schrie den „Feind" erst mal heftig an. Das wirkte sofort und Fletcher suchte Schutz bei mir. Seitdem ging Fletcher etwas vorsichtiger mit Kira um. Da der Altersunterschied natürlich immens war, war Kira nicht die Richtige, um Fletcher auszupowern. Also ließ ich Smart dazu. Der war ja schon Socke sehr freundlich begegnet, und so hatte ich die Hoffnung, dass er ein geeigneter Spielkamerad für Fletcher war. Smart sah das allerdings anders. Er mochte Fletcher nicht so sehr. Wann immer er die Gelegenheit hatte, biss er ihm in den Kopf oder woandershin. So ging das also nicht. Wirklich schade, denn Fletcher und Smart hatten ungefähr die gleiche Größe. Blieb noch Tiny. Sie war deutlich kleiner als Fletcher, aber absolut lieb. Und was soll ich sagen, mit den beiden hat es dann auch geklappt. Sie spielten nun täglich miteinander und Fletcher war so happy. Da Frettchen und Steinmarder teilweise recht unterschiedliche Arten zu spielen haben, gab es hin und wieder Missverständnisse, aber es war zu niedlich, den beiden zuzuschauen. Sie balgten miteinander und spielten fangen. Tiny flitzte, ganz nach Frettchenart, während des Spiels öfter durch die Röhren. Fletcher machte das gar nicht. Er lief lieber außen herum und wartete am anderen Ende auf Tiny.

Durch das Spiel mit Tiny machte Fletcher einen großen Entwicklungssprung. Seine Koordination war jetzt super, er übte Anspringen und Entfernungen einzuschätzen. Wenn er mal allein unterwegs war, kletterte er gerne auf der Couch oder dem Kratzbaum herum und war bald ein geschickter Kletterer. Nicht nur, dass er gut überall hinaufklettern konnte, er kam auch problemlos wieder herunter. Im Gegensatz zu Frettchen können Steinmarder die Hinterfüße drehen, um so auch kopfüber Halt zu haben. Es ist schwer zu erklären, man muss es gesehen haben.

Wenn ich zu meinen Eltern fuhr, nahm ich Fletcher mit, und da er nun ja schon recht groß und sehr aktiv war, durfte er dort auch in den Freilauf. Fletcher fand alles Neue spannend, blieb aber draußen immer in meiner Nähe und entfernte sich nie mehr als 3 Meter von mir. Wenn er unsicher war, kam er zu mir, holte sich eine Streicheleinheit und ging erneut auf die Pirsch. Die von den Frettchen gebuddelten Löcher fand er spannend, schaute mal rein, buddelte aber nicht selber. Das war irgendwie nicht sein Ding.

Das Fletcher nicht für immer bei mir bleiben könnte, war mir von Anfang an klar. Ein Wildtier gehört nicht in die Wohnung, sondern in die Freiheit. Steinmarder haben es in Deutschland aber nicht leicht, sie werden verfolgt und gejagt. Ich würde ihn in eine unsichere Zukunft schicken, und das machte mir schwer zu schaffen. Ich hatte teils schlimme Albträume, in denen ich sah, wie mein kleiner Schatz einem Jäger vor die Flinte lief, in eine Falle geriet oder Opfer des Straßenverkehrs wurde. Ich habe viele Kämpfe mit mir ausgefochten, immer wieder musste mein Verstand über mein Herz siegen. Ein Zoo kam für mich nie infrage. Steinmarder haben extrem große Reviere. Wenn sie in Zoos in zu kleinen Gehegen vor sich hin vegetieren, reagieren sie darauf oftmals mit Selbstverstümmelung. Das wäre viel schlimmer als der Tod durch den Jäger.

Theoretisch wusste ich, wie die Auswilderung ablaufen musste. Fletcher würde in ein Gehege ziehen, wo der Kontakt mit Menschen nur noch zur Fütterung erfolgte. Außerdem bräuchte er einen Kumpel. In diesem Gehege würden sie lernen, Mäuse zu jagen. Wenn sie das beherrschten, würde das Gehege geöffnet werden, aber noch weiter gefüttert, bis die Steinis sich kein Futter mehr abholten und man sicher sein konnte, dass sie selbstständig genug Beute fingen.

So weit die Theorie. Ein Kumpel war das kleinste Problem. In der Auffangstation in Leipzig saßen mehrere Steinis in Fletchers Alter. Wenn ich einen Platz für die Auswilderung gefunden hätte, würde einer der Steinis mit Fletcher zusammen in das Auswilderungsgehege einziehen.

Mecklenburg-Vorpommern hat viel unberührte Natur und viele Naturparks. Ich machte mich also frohen Mutes ans Werk. Ich habe mir tagelang die Finger wund telefoniert, aber das Ergebnis war ernüchternd. Wie niedergeschlagen ich war, kam auch immer darauf an, ob ich am anderen Ende der Leitung einen engagierten Naturschützer oder eine gelangweilte Sekretärin hatte. Selbst Nachfragen bei namhaften Naturschutzverbänden brachten mich nicht weiter. Steinmarder wollte niemand haben. Dann doch noch ein Lichtblick. Ich erhielt den Rat, mich beim Leiter eines Wisentgeheges zu melden, eventuell könne er helfen. Also rief ich dort an, trug dem guten Mann mein Anliegen vor und erklärte den Ablauf. Und er war Feuer und Flamme! Ich konnte es kaum glauben, aber er wäre bereit, zwei Steinmarder bei sich auszuwildern. Doch dann machte uns die Zeit einen Strich durch die Rechnung. Die Auswilderung würde sich über mehrere Monate hinziehen, wie lange genau, würde von den Tieren selbst abhängen. Im Park hatten aber gerade umfangreiche Bauarbeiten begonnen, die auch erst in ein paar Monaten abgeschlossen sein würden. Das würde zeitlich dann nicht mehr passen. Da der Mann wirklich sehr von meiner Anfrage angetan war, versuchte er sogar, die Baumaßnahmen zu verschieben, was ich ihm sehr hoch anrechnete, aber die Baufirma hatte auch noch andere Aufträge, sodass eine Verschiebung nicht möglich war.

Von Anfang an hatte mir die Auffangstation in Leipzig angeboten, Fletcher aufzunehmen und auszuwildern. Da ich leider keinen Auswilderungsplatz auftreiben konnte, musste ich nun auf dieses Angebot zurückgreifen. Da es bis nach Leipzig fünf Stunden mit dem Auto waren, trafen wir uns auf halber Strecke. Am 09. Juni gab ich meinen kleinen Schatz in die Hände der Auffangstation. Fletcher war nun etwa 9 Wochen alt und wog knapp 800 Gramm. Er war 4 Wochen bei mir gewesen. Auch wenn ich wusste, dass ich das Richtige tat, war dieser Tag die Hölle für mich. Es brach mir das Herz, die kleine Schokonase in eine ungewisse Zukunft gehen zu lassen. Ich habe auf der Rückfahrt fast nur geweint, nichts und niemand konnte mich trösten.

Ich blieb natürlich in Kontakt mit der Auffangstation, erkundigte mich regelmäßig nach Fletcher und überwies monatlich Futtergeld für ihn. Er hatte einige Eingewöhnungsschwierigkeiten, weil er als Einzelmarder sehr stark auf den Menschen geprägt war. Aber er fand doch bald Anschluss an die anderen und wurde bald ebenso scheu wie sie. Wie mir mitgeteilt wurde, wurde Fletcher zusammen mit einem anderen Steinmarderrüden auf einem großen Bauernhof im Leipziger Umland ausgewildert.

Ich denke oft an ihn und hoffe sehr, dass es ihm gut geht und er ein glückliches Leben in Freiheit führt.

Scheiden tut weh ...

Donnerstag, 08. Juni 2006, 17.30 Uhr. Ich saß noch im Büro, als das Handy klingelt. Die Tierpflegerin vom Naturpark war dran und begann mit den Worten: „Ich habe keine so guten Nachrichten ...“ Was war los?

„Shadow ist tot!“, teilte sie mir mit. Die Worte trafen mich völlig unvorbereitet. Ich konnte nur ein „Was!?“ stammeln und ging in ein leeres Nebenzimmer. Dort erfuhr ich, dass Shadow und Minky heute krank in ihren Gehegen gefunden wurden. Beide lagen auf der Seite und der Hinterleib war gelähmt, sie konnten nicht laufen. Noch auf dem Weg zum Tierarzt starb Shadow. Minky lebte noch, aber es ging ihr sehr schlecht. Der Tierarzt war ratlos. Shadow wurde in die Pathologie geschickt. Damit wenigstens Minky überlebte, musste schnell herausgefunden werden, was die Ursache war.

Die Gedanken wirbelten wild durch meinen Kopf. Ich versuchte krampfhaft, diese Informationen zu verarbeiten. Sah Shadow krank aus, als ich das letzte Mal bei ihr war? Hatte ich vielleicht Symptome nicht erkannt oder falsch gedeutet? Ich wollte schon längst mal wieder bei ihr vorbeischauen. Zuletzt war ich im April bei ihr. Eigentlich fahre ich jeden Monat zu ihr. Aber seit Ende April hatte ich ständig Pflegetiere und einfach keine Zeit. Ich hätte mir die Zeit nehmen sollen. Jetzt war es zu spät.

Ich ging zurück ins Büro. Erst langsam begriff ich, dass meine kleine Prinzessin für immer gegangen war. Ich bemühte mich um Fassung, aber kaum saß ich am Schreibtisch, liefen mir auch schon die Tränen übers Gesicht. Schluchzend erzählte ich meiner erschrockenen Kollegin alles.

Shadow
April 2004 – 08. Juni 2006

Ein eindeutiges Ergebnis brachte die pathologische Untersuchung nicht. Eine Vergiftung sollte wohl Todesursache gewesen sein. Ich zerbrach mir tagelang den Kopf darüber. Dem Naturpark machte ich keinen Vorwurf. Immer wenn ich bei Shadow war, und das ja ohne vorherige Ankündigung, weil ich einen Schlüssel für das Gehege hatte, war alles tipptopp. Das Gehege war immer sauber,

Wasser und Futter frisch und in tadelloser Qualität. Auch war es eigenartig, dass gleichzeitig zwei Tiere in benachbarten Gehegen erkrankt waren. Hatten Besucher irgendwas in die Gehege geworfen, was die Tiere dann gefressen hatten? Vor Trauer und Wut wollte ich dieser Spur nachgehen, doch die Tierpflegerin redete mir das aus. Es würde nichts bringen – außer noch mehr Tränen.

Blut ist dicker als Wasser

Mitte Juni 2006 hatte ich Besuch von zwei jungen Leuten, die sich Frettchen gern mal live ansehen wollten. Als Verstärkung für mich kam noch eine Bekannte vorbei. Sie brachte ihren Rüden Oskar mit.

Oskar war der Bruder von Smart und Tiny und außerdem taub. Zuletzt traf er im Dezember 2005 mit meiner Bande zusammen. Erstaunlicherweise gab es damals keinerlei Probleme, ihn mit meinen fünfen laufen zu lassen. Ganz im Gegenteil, Julie war total vernarrt in Oskar und folgte ihm auf Schritt und Tritt und spielte und kuschelte mit ihm. Auch Merlin hatte überhaupt kein Problem mit dem Fremden. Smart und Tiny waren ja noch halbwüchsig und sowieso mit allem und jedem verträglich. Und Kira war zufrieden, wenn man sie in Ruhe ließ.

Aber das alles war über ein halbes Jahr her. Smart, Tiny und Oskar waren inzwischen erwachsen. Und Julie und vor allem Merlin würden sich sicherlich nicht mehr daran „erinnern", wie freundlich sie Oskar damals aufgenommen hatten.

Doch meine Frettchen waren immer wieder für eine Überraschung gut. Als Erstes gab es eine kleine „Familienzusammenführung". Oskar traf auf seine Geschwister. Nach kurzem Beschnüffeln tobten die drei auch schon durch die Gegend. Dann ließ ich Julie dazu. Auch mit ihr gab es keinerlei Probleme, kein Fauchen oder böses Muckern, nicht mal Aufplustern. Ganz im Gegenteil. Julie war wieder hin und weg und folgte Oskar wie ein Schatten. Ihre Sympathie Oskar gegenüber schien während der sechsmonatigen Pause unverändert zu sein. Ich war äußerst überrascht, aber auch begeistert.

Doch Merlin würde mir diese Freude sicherlich nicht machen. Er benahm sich ja meist wie ein Elefant im Porzellanladen. Trotzdem versuchten wir es, Oskar würde sich schon zu wehren wissen. Aber ich wusste gar nicht, wie mir geschah. Merlin schnüffelte nur kurz an Oskar, dann war alles okay und sie tobten durch die Gegend. Oskar blieb über drei Stunden, und es gab nur einmal Stress, als er es sich im Schlafhäuschen gemütlich machen wollte. Damit war Merlin dann doch nicht einverstanden und jagte ihn wütend hinaus. Aber sonst lief alles prima.

Über die zwei Begegnungen meiner fünf, besonders Merlin und Julie, mit Oskar grüble ich oft nach. Warum wurde er immer mit offenen Armen in meiner Gruppe aufgenommen? Konnten sie sich tatsächlich an ihn erinnern? Und wenn ja, weshalb wurde er selbst beim ersten Aufeinandertreffen im Dezember 2005 ohne große Probleme aufgenommen? Gab es tatsächlich so etwas wie „Familiengeruch"? Das hatte ich bisher nur in einem Buch gelesen, aber es wurde auch dort nur als Randnotiz erwähnt. Demnach mussten vor allem Merlin und Julie ihn irgendwie geruchlich mit Smart und Tiny in Verbindung gebracht haben und daher akzeptieren. Ein sehr spannendes und interessantes Thema, wie ich finde.

Doppelt hält besser?

Anfang Juli 2006. Ich tobte gerade mit Tiny herum. Als ich sie auf den Rücken drehte und am Bauch kitzelte, traf mich fast der Schlag. Ihre Vulva war wieder leicht geschwollen! Na gut, keine Panik, es war wirklich kaum zu sehen. Vielleicht war es auch was anderes. Mal abwarten, wie es morgen aussehen würde. Aber am nächsten Tag war die etwa stecknadelkopfgroße Schwellung immer noch da. Eigentlich war so was nicht möglich, schließlich wurde Tiny ja am 10. April dieses Jahres kastriert. Außer der Schwellung zeigte sie keinerlei Ranzerscheinungen. Sie müffelte nicht und markierte auch nicht, sie fraß normal und tobte durch die Wohnung wie eh und je.

Eine geschwollene Vulva bei einer kastrierten Fähe konnte zwei Ursachen haben. Zum einen konnte bei der Kastration Restgewebe übersehen worden sein. Zum anderen könnte ein Problem mit den Nebennieren vorliegen. Ich hielt Rücksprache mit meinem Tierarzt. Für ein Nebennierenproblem war Tiny eigentlich noch zu jung. Daher würde nur Restgewebe infrage kommen. Ich sollte die Sache im Auge behalten, eventuell würde die Schwellung von allein wieder zurückgehen.

Doch auch nach knapp einer Woche war die Vulva immer noch geschwollen. Ansonsten war Tiny aber fit und munter wie eh und je. Ich war beunruhigt und stellte sie dem Doc vor. Sie bekam ein homöopathisches Hormonpräparat zur Unterbrechung der Ranz. In einer Woche wollte der Tierarzt sie noch mal sehen, um über eine eventuelle Nachkastration mit mir zu sprechen.

Da die Schwellung trotz Hormonspritze nicht zurückging, wurde Tiny Ende Juli noch mal nachkastriert. Um 14 Uhr hatten wir den Termin. Ich machte um 12 Uhr Feierabend und fuhr nach Hause. Ich fahre meist querfeldein eine Nebenstrecke mit wenig befahrenen Straßen. Auf halber Strecke saß mitten auf der Fahrbahn eine Taube. Ich hielt an und überlegt kurz. Das Tier saß in der prallen Sonne und rührte sich nicht. Plötzlich kam Gegenverkehr angerauscht. Ich stieg aus, sprang auf die Straße und fuchtelte wild mit den Armen, um dem Fahrer zu signalisieren, dass dort etwas auf der Straße lag. Er verstand und fuhr vorsichtig um die Taube herum. Ich holte einen leeren Kennel, den ich für (solche) Notfälle immer im Auto hatte, aus dem Kofferraum und zog mir Handschuhe über. In der Zwischenzeit hatte eine Radfahrerin die Taube ebenfalls bemerkt und hielt an. Sie wollte das Tier an sich nehmen, doch plötzlich kam Leben in die Taube, und sie flatterte mühsam auf den Randstreifen, wo sie erschöpft liegen blieb. Die Radfahrerin sah mich fragend und etwas hilflos an. Als ich ihr sagte, ich kümmere mich um das Tier, nickte sie erleichtert und fuhr weiter. Ich konnte die Taube problemlos einfangen und in den Kennel packen.

Zu Hause angekommen versorgte ich das völlig erschöpfte Tier mit Wasser und ein paar Körnern. Doch sie nahm freiwillig nichts zu sich. Sie war so schwach, dass sie sich nicht auf den Beinen halten konnte, und legte sich hin. Ich sah sie mir genauer an. Es war eine dieser typischen grauen Stadttauben. Sie war nicht beringt. An den Füßen und am Kopf hatte sie Abschürfungen. Wahrscheinlich war sie irgendwo gegengeflogen. Ich telefonierte mit dem Tierschutzbund, denn ich kannte mich mit jeglichem Federvieh überhaupt nicht aus und traute mir nicht zu, den Vogel aufzupäppeln. Doch der Tierschutzbund lehnte ab. Da wir immer noch Vogelgrippesperrbezirk waren, durften sie keinerlei Wildvögel aufnehmen. Ich sollte mich an den Amtstierarzt wenden. Also dort angerufen. Die Amtstierärztin war sehr nett und meinte, ich könne den Vogel vorbeibringen. Sie war heute jedoch nur bis 15 Uhr im Hause. Ich schaute auf die Uhr, es würde knapp werden, doch ich sagte zu.

Jetzt musste ich mich beeilen, um noch pünktlich zum Tierarzt wegen Tinys Kastration zu kommen. Und so zog ich bepackt mit zwei Kenneln los, im einen Tiny, im anderen die Taube.

Ich war pünktlich um 14 Uhr bei meinem Tierarzt. Leider verspätete sich der Doc um etwa 15 Minuten. Nach einem ausführlichen Vorgespräch wurde Tiny in den OP gebracht. Normalerweise rührte ich mich nicht vom Fleck, wenn eines meiner Tiere operiert wurde. Doch diesmal ging es nicht anders, sonst hätte ich die Taube bis zum nächsten Tag behalten müssen. Nachdem ich dem Tierarzt mehrfach das Versprechen abgerungen hatte, mich sofort anzurufen, wenn es Komplikationen gab, machte ich mich nervös auf den Weg zur Amtstierärztin. Da sie gleich einen Termin hatte und auch ich nicht lange bleiben wollte, erzählte ich ihr kurz die Geschichte und übergab ihr die Taube. Dann fuhr ich zurück zum Tierarzt.

Tiny hatte alles gut überstanden. Der Tierarzt hatte auf der linken Seite noch Restgewebe gefunden, das erklärte auch die geschwollene Vulva. Da es sich bei der Nachkastration um einen „Ärztefehler" handelte, musste ich für die OP nichts bezahlen.

Am späten Abend ging es Tiny nicht gut, sie schien starke Schmerzen zu haben. Sie lief kaum und wenn, dann humpelte sie stark und lief sehr langsam. Außerdem hatte sie Probleme beim Aufstehen, sie sackte dann kurz mit schmerzverzerrtem Gesicht zusammen. In dieser Nacht war für mich an Schlaf kaum zu denken, da ich ständig nach Tiny sah.

Am nächsten Morgen war ich sofort beim Tierarzt. Mir wurde erklärt, dass Tinys Schmerzen eventuell durch ein Blutgerinnsel, was nach dem Abbinden entstanden war, kommen könnten. Sie bekam drei Tage lang Schmerzmittel, was auch gut half. Weitere Komplikationen gab es nicht und Tiny war wieder die Alte.

Eine schlimme Diagnose

Anfang August 2006. Beim Toben mit meiner Bagage fiel mir auf, dass Smart ruhiger war als sonst. Später fiel mir auf, das Smart sehr, sehr schnell und hörbar atmete. Ich sah ihn mir genauer an und bemerkte, dass sein Bauch etwas aufgebläht war, und ich konnte auch zwei Knubbel fühlen. Das musste ich im Auge behalten.

Am nächsten Tag verweigerte Smart das Futter, beim Aufs-Klo-Gehen jammerte er, und auch sonst ging es ihm nicht gut, er atmete sehr schnell und hörbar und er war sehr schlapp. Ich untersuchte wieder seinen Bauch und fühlte wieder diese zwei Verhärtungen, die ich bei den anderen nicht fühlen konnte. Schon gestern stieg in mir der Verdacht auf, dass es sich um Darmverschluss handeln könnte. Smart fraß ja bekanntlich alles, was ihm in die Quere kam – Socken, Handtücher, Plastetüten ... Gestern hatte ich diesen Gedanken als Panikmache verworfen. Doch jetzt machte ich mir ernsthafte Sorgen. Und ich konnte nicht bis Montag warten, dann war es vielleicht schon zu spät. Also ab zum Notdienst. Der Tierarzt meinte beim Abtasten, dass der Bauch weich und unauffällig wäre. Smart bekam trotzdem ein entkrampfendes und schmerzstillendes Mittel gespritzt und ein Abführmittel musste er auch noch schlucken.

Später konnte er dann wieder Kot absetzen. Es kam zwar nur Schleim (logisch, wenn er den ganzen Tag nichts gefressen hatte), aber er konnte wenigstens wieder aufs Klo. Abends musste er sich über eine halbe Stunde lang übergeben. Wieder ein weiteres Anzeichen, dass ein Darmverschluss vorliegen könnte. Im Bauch konnte ich immer noch diese verdammten Knubbel fühlen.

Am nächsten Tag fuhr ich zu meinem Tierarzt. Auch sie konnte beim Abtasten des Bauches keine Besonderheiten feststellen. Bin ich blöd? Was hab ich denn da immer gefühlt? Auch die Röntgenbilder waren unauffällig. Aber Smart hatte Lungengeräusche. Diagnose: leichte Bronchitis. Er bekam ein Antibiotikum verschrieben.

Er fing nun wieder an zu fressen, wenn auch nicht viel. Ansonsten war aber alles unverändert. Smart war nicht aktiv, atmete immer noch sehr schnell, sah sehr mitgenommen aus und schien Schmerzen zu haben. Er war unruhig und lief von einem Schlafplatz zum anderen. Zwischendurch sackte er immer wieder beim Laufen zusammen. Es ist so furchtbar, sein Tier so leiden zu sehen und nichts tun zu können.

Auch tags darauf gab es keine Besserung, ganz im Gegenteil. Offenbar wurden die Schmerzen schlimmer. Smart sackte immer öfter zusammen und sah elend aus. Fressen tat er etwas und aufs Klo konnte er auch gehen. Mein Bauchgefühl sagte mir, dass da noch was anderes sein musste. Ich rief beim Tierarzt an und fragte nach, wie schnell Antibiotika anschlagen. Mir wurde gesagt, wenn Smart morgen immer noch röchelte, sollte ich wieder vorbeikommen.

Abends sah ich Smart dann am Wassernapf. Mitten im Trinken sackte er plötzlich zusammen, sein Kopf fiel ins Wasser und er rührte sich nicht. PANIK!!!! Sofort zum Tierarzt. Das ist nie und nimmer eine Bronchitis! Ich erzählte der Tierärztin die ganze Geschichte und wies wieder darauf hin, dass der Bauch sich komisch anfühlte. Smart hatte leichtes Fieber. Sie erklärte mir, was auf den Röntgenbildern zu sehen sei, nämlich dass der Bauch eine Umfangsvermehrung aufwies. Gestern hieß es noch, man könne keine Auffälligkeiten feststellen. Ein Fremdkörper im Bauch wurde aber weiterhin ausgeschlossen. Dann der Satz, der alles veränderte – der Thymus ist verändert. Die Tierärztin war doch sehr erstaunt, dass ich mit diesem Begriff was anfangen konnte. „Also ein Lymphom", kam mir sofort über die Lippen. Ja, der Verdacht bestand. Für heute sollte Smart zusätzlich ein hoch dosiertes Schmerzmittel bekommen. Wenn es ihm morgen nicht besser ging, sollte ich wiederkommen. Dann würde man Blut abnehmen und Ultraschall machen.

Nun, es ging ihm so dreckig, dass ich dachte, es gibt kein Morgen mehr für ihn. Selbst mit dem Schmerzmittel ging es ihm nicht besser. Der Anblick von Smart, wie er so verkrampft und mit schmerzverzerrtem Gesicht dalag und versuchte, durch den Schmerz durchzuatmen, trieb mir jedes Mal die Tränen in die Augen.

Bis spät in die Nacht telefonierte ich und durchforstete sämtliche Literatur zum Thema Lymphom. Vor Jahren bestand auch bei Merlin und Julie der Verdacht, und so wusste ich, dass man dagegen impfen konnte. Doch Julie und Merlin hatten laut meinen Aufzeichnungen ganz andere Symptome. Laut Literatur gab es beim Frettchen zwei Formen von Lymphomen. Gegen eine konnte man nach Ausbruch der Krankheit erfolgreich impfen, gegen die andere nicht.

Am darauffolgenden Tag gab ich bereits vormittags telefonisch Bescheid, dass es Smart eher schlechter als besser ging. Smart wurde leicht betäubt, und dann wurde Blut abgenommen und Ultraschall gemacht. Ergebnis: Ein innerer Lymphknoten war vergrößert auf fast zwei Zentimeter (den hatte ich beim Bauchabtasten gefühlt), die Milz war enorm vergrößert (die hatte ich beim Abtasten als zweiten Knubbel gefühlt) und der Thymus krankhaft verändert. Wegen Letzterem hatte Smart Probleme beim Atmen. Damit war der Lymphomverdacht zu über 90 % bestätigt. Die Thymusveränderung war inoperabel, und die Tierärztin gab zu verstehen, dass es kaum Hoffnung gab für Smart. Da sie aber auch zugab, bisher keinerlei Erfahrungen mit einem Lymphom bei Frettchen zu haben, wollte sie noch Rücksprache mit einer frettchenerfahrenen Tierärztin halten. Sie würde mir abends mitteilen, wie wir nun weiter verfahren würden.

Die Stunden krochen wie in Zeitlupe dahin und ich war mit den Nerven total am Ende. Ich setzte meine ganze Hoffnung in die frettchenerfahrene Tierärztin. Wenn sie keine Chance mehr sah, stünde mir die Entscheidung bevor, wie lange ich Smart diese Tortur noch zumuten würde.

Nach der eigentlichen Sprechstunde nahm sich die Tierärztin Zeit für mich. Smart hatte die Art von Lymphom, gegen die man nicht impfen konnte. Im Gegenteil, eine Impfung könnte es sogar noch schlimmer machen. Die Prognose war sehr schlecht. Selbst die frettchenerfahrene Tierärztin gab ihm kaum noch eine Chance. Cortison wäre noch einen Versuch wert, doch wenn sich Smarts Zustand bis zum Wochenende nicht besserte, wäre es ein verlorener Kampf.

Ich verstand die Welt nicht mehr. Der kleine Mann war erst 14 Monate alt und hatte schon Krebs. Wie konnte das sein?

Smart bekam nun sechs Mal täglich Medikamente, unter anderem auch ein starkes Schmerzmittel. Ich machte mir eine Liste, damit ich nichts durcheinanderbrachte. Doch trotz aller Bemühungen ging es Smart nur für ein paar Tage geringfügig besser. Gefressen hatte er nur noch aus der Hand. Sein Bauch wurde immer dicker, dafür war er nur noch Haut und Knochen. Zwischenzeitlich hatte das Labor die Ergebnisse der Punktion geliefert und den Lymphomverdacht bestätigt.

Sonntag, 20. August 2006. Gegen Mittag kam plötzlich dieses Gefühl. Dieses bestimmte Gefühl, das einem sagt, es hat keinen

Sinn mehr. Ich sah Smart an und wusste, ich darf ihn nicht leiden lassen. Gleichzeitig die bange Frage, ob ich das nicht schon getan hätte. Hätte ich ihn früher gehen lassen sollen? Er sah so elend aus, warum hatte ich das so lange mit angesehen? Hatte ich wirklich nur jede Chance nutzen wollen, ihm eventuell doch noch helfen zu können, oder war das nur egoistisch gewesen, weil ich nicht wahrhaben wollte, dass keine Chance auf Rettung bestand? Während mich diese Fragen quälten, rief ich in meiner Tierarztpraxis an. Die Tierärztin hatte keinen Notdienst und war daher nicht in der Stadt. Wenn ich es wünschte, würde sie kommen, das würde aber ein paar Stunden dauern. Ein paar Stunden waren zu viel für Smart. Zwei Tierärzte hatten regulär Notdienst. Von dem einen wusste ich, dass er von Frettchen keine Ahnung hatte und vor den Tieren sogar Angst hatte. Dort wollte ich nicht hin. Also rief ich bei dem anderen Tierarzt an und erklärte unter Tränen die Situation. Er lehnte ab! Mit der Begründung, er wäre nur für Großtiere zuständig, verwies er auf den Kollegen, der ebenfalls Notdienst hatte. Der kam für mich, wie gesagt, nicht infrage. Ich rief wieder bei meiner Tierarztpraxis an und vereinbarte für den Abend einen Termin dort. Die Zeit bis dahin wich ich Smart nicht von der Seite.

Als er die Narkosespritze bekam, schlief er mit einem tiefen Seufzer ein. Es schien, als wäre er erleichtert. Ich hatte in den letzten Stunden viel geweint, jetzt beruhigte ich mich etwas. Die Tierärztin untersuchte Smart noch einmal und erklärte mir, dass ich richtig gehandelt hätte. Der ganze Bauchraum war vom Krebs zugewuchert, Smart hatte keine Chance. Nach der eigentlichen Euthanasiespritze fragte mich die Tierärztin, ob ich Smart mitnehmen wollte oder nicht. Ich sah ihr an, dass sie großes Interesse an dem Fall hatte und sicherlich gern eine Autopsie durchgeführt hätte, doch das kam für mich nicht infrage. Smart fand, wie alle meine anderen Frettchen, seine letzte Ruhestätte unter dem Fliederbäumchen im Garten meiner Eltern.

Smart
Juni 2005 – 20. August 2006

Frettchenstammtisch

Wie schon im 1. Teil geschrieben, war ich und bin ich immer noch ständig auf der Suche nach anderen Frettchenbesitzern. Ich hatte schon mehrfach Anzeigen in Zeitungen geschaltet und auch sofort Kontakt aufgenommen, wenn ich in irgendeinem Frettchenforum Leute aus der Nähe ausfindig machen konnte. Doch es war immer das Gleiche, viel zu wenige hatten ernsthaftes Interesse an Erfahrungsaustausch und regelmäßigen Treffen. Gerade aber die Idee mit den regelmäßigen Treffen lag mir sehr am Herzen. Zumindest ich selber hatte großes Interesse daran, mich regelmäßig mit anderen Frettchenbesitzern zu treffen und auszutauschen, nicht nur über E-Mail und Telefon, sondern bei einem netten Beisammensein.

Schon lange grübelte ich, wie ich die Leute aus der Reserve locken könnte. Die Gründung eines Vereins kam für mich absolut nicht infrage. Das bedeutete viel zu viel Papierkram und Regeln. Ich wollte etwas ohne Zwang und Verpflichtungen. So beschloss ich bereits im Juni 2005, einen Frettchenstammtisch zu gründen, der sich etwa ein Mal im Monat zusammenfinden sollte. Ich machte Aushänge in Zoogeschäften und Tierarztpraxen, um die Leute darauf aufmerksam zu machen.

Ich rechnete natürlich mit Anlaufschwierigkeiten, doch selbst beim vierten Stammtisch waren noch immer keine neuen Gesichter dabei. Wir waren meist drei bis fünf Leute, größer wurde unsere Runde nicht. Ich war doch etwas enttäuscht. Da wir die Treffen immer draußen in einem Park abhielten (ich lasse wildfremde Leute ja nicht gleich in meine Wohnung), legte ich die Sache erst mal auf Eis, als es zu kalt wurde.

Ziemlich genau ein Jahr später, Ende Juni 2006, versuchte ich es erneut. Diesmal schlug ich einen Weg ein, den ich lange gescheut hatte. Ich eröffnete mein eigenes Frettchenforum. Schon länger hatte ich mit dem Gedanken gespielt, ihn aber nie in die Tat umgesetzt, ganz einfach, weil ich nicht wusste, wie viel Arbeit dadurch auf mich zukommen würde, und weil ich absolut nichts von Technik, Updates und solchem Kram verstand. Doch dann dachte ich mir, wenn ich zwei Homepages zum Laufen bekommen hatte, dann werde ich ein Forum auch noch schaffen zu betreuen. Laut der internen Statistik war meine Frettchenhomepage sehr gut besucht, und so hatte ich die Hoffnung, durch das Forum mehr Leute anzusprechen.

Am 28. Juni 2006 ging das Forum online. Natürlich informierte ich alle meine Frettchenfreunde aus M-V und so konnte ich innerhalb weniger Tage bereits sieben registrierte Mitglieder begrüßen.

Auch hier hatte ich mit Anlaufschwierigkeiten gerechnet, doch es lief besser als erwartet. Bereits Ende des Jahres konnte ich 25 Mitglieder verbuchen. Ab August 2006 nahm ich auch wieder die monatlichen Stammtischtreffen auf. Die Termine wurden im Forum bekannt gegeben.

Obwohl unsere Truppe nun einen etwas größeren Bekanntheitsgrad erreichte, änderte sich am Zulauf der Treffen absolut nichts. Wenn der Termin im Forum bekannt gegeben wurde, schrien erst mal alle, dass sie das toll fanden und natürlich auch kommen wollten. Doch fast immer sagten die „Neulinge" kurzfristig ab. Anfangs habe ich mich mehr oder weniger über diese Sprunghaftigkeit aufgeregt, doch inzwischen ist es mir egal. Wir sind immer noch nur drei bis fünf Leute, doch wir haben bei den Treffen immer sehr viel Spaß. Da wir doch aus recht unterschiedlichen Ecken von Meck-Pomm kommen, hat es sich ergeben, dass die Treffen immer abwechselnd bei jemand anderem stattfinden. So hat jeder mal kürzere und längere Anfahrtswege.

Lilly & Sam

Am 03. Oktober 2006 erhielt ich einen Anruf von einem jungen Mann. Er hatte sich vor knapp einer Woche zwei Welpen geholt und reagierte nun ganz plötzlich allergisch auf die Tiere (auf seinen Hund jedoch nicht ...). Ich fuhr abends hin, um die zwei abzuholen. Obwohl der junge Mann sich nach eigenen Angaben natürlich vorher über die Haltung von Frettchen informiert hatte und sein Bruder ja auch welche hatte, war das, was ich sah, absolut furchtbar. Ich kam gar nicht in die Wohnung, sondern wurde vom Besitzer gleich unten an der Haustür abgefangen. Die zwei Welpen saßen in einem kleinen Hasenkäfig, mit Einstreu, einem winzigen Meerschweinchenholzhaus als Rückzugsmöglichkeit und einem klein geschnittenen Apfel als Futter. Stolz wurde mir erzählt, dass die beiden heute auch schon eine Stunde Freilauf gehabt hätten. Ich sah mir die Tiere kurz an. Sie waren munter und voller Tatendrang, sodass ich Mühe hatte, sie auf dem Arm zu halten. Der Rüde sollte neun Wochen alt sein, die Fähe älter. Für neun Wochen war der Rüde sehr groß. Als ich mir sein Gebiss ansah, war klar, dass er wesentlich älter war. Der Zahnwechsel war schon komplett abgeschlossen. Also dürfte der Rüde etwa vier Monate alt sein. Die Fähe war größer als er, daher schätzte ich sie auf circa sechs Monate. Nun gut, ich nahm beide mit. Freundlicherweise wurde mir der Käfig auch mitgegeben, die Inneneinrichtung wurde von mir sofort entsorgt.

Zu Hause bei mir bekamen die Lütten erst mal ein extra Plätzchen. Beide hatten noch ein Geschirr um. Der Rüde sah vom Fell her prima aus, schön weich. Bei der Fähe hatte ich große Mühe, ihr das Geschirr abzunehmen, ich musste es zerschneiden. Anscheinend hatten die Vorbesitzer auch so ihre Mühe gehabt und daher beschlossen, ihr das Geschirr gar nicht mehr abzunehmen. Jedenfalls war unter dem Geschirr das Fell bis auf die Haut durchgescheuert. Auch sonst sah die Kleine vom Fell her sehr schlecht aus, es war extrem staubig, trocken und drahtig. Zum Glück war sie aber gerade im Fellwechsel.

Die kleine Fähe hieß Lilly. Mir gefiel der Name, und so änderte ich ihn nicht. Der Rüde hieß Freddy. Diesen einfallsreichen Namen behielt er bei mir nicht. Er war ein niedlicher kleiner Kerl mit einem riesigen Kopf und goldgelber Unterwolle. Er bekam den Namen Sam.

Schon nach ein paar Minuten Toben und Knuddeln merkte ich, dass ich nicht nur Frettchen mitbekommen hatte. Flöhe!!! Die beiden wurden sofort eingesprüht. In den nächsten zwei Stunden sammelte ich sage und schreibe ein Dutzend Flöhe ein, einer größer als der andere.

Als ich sie bekam, stanken Lilly und Sam zum Himmel. Kein Wunder bei der schlechten Ernährung. Zum Glück sind Welpen beim Fressen nicht sehr wählerisch, und so konnte ich sie ganz schnell auf artgerechte Ernährung umstellen. Nach einer Woche war der Gestank verflogen und sie rochen ganz normal nach Frettchen.

Lilly war, obwohl noch ein Welpe, extrem dominant. Sam war eher ängstlich. Die ersten Tage verkroch er sich, sobald ich das Zimmer betrat, in die hinterste Ecke, ließ sich aber mit einer Spielaufforderung schnell wieder hervorlocken.

Ich war zuversichtlich, für die beiden Schätze schnell ein schönes neues Zuhause zu finden.

Ein halbes Dutzend

Smart war erst vor Kurzem gestorben, ich war eigentlich noch nicht bereit dafür, meine Gruppe wieder zu vergrößern. Außerdem wären es dann sechs Frettchen. Ich hatte für mich selbst festgelegt, dass fünf die maximale Gruppengröße für mich wäre. Es ging ja nicht nur darum, dass alle Tiere gefüttert und geimpft werden müssen, man musste auch in der Lage sein, eventuelle (chronische) Krankheiten finanziell stemmen zu können. Das bedenken leider die wenigsten.

Nun ja, irgendwie entpuppten sich Lilly und Sam jedoch als „Ladenhüter". Ich muss allerdings dazu sagen, dass ich Tiere nicht an die erstbesten Interessenten vermittle. Die neuen Besitzer hatten einige Voraussetzungen zu erfüllen. Es gab ein paar Interessenten, aber leider war der richtige nicht dabei. Einmal scheiterte es an der Entfernung. Die Leute wohnten so weit weg, dass Vor- und Nachkontrollen nicht möglich waren. Eine andere Interessentin trat von sich aus zurück, weil sich ihre berufliche Situation änderte und sie nicht mehr genügend Zeit hätte, sich um die Tiere zu kümmern. Ein junges Paar lehnte ich ab, weil sie sich die Haltung finanziell nicht leisten konnten. Und die letzte Bewerberin bekam von mir ebenfalls ein Nein. Das Mädel war Anfang zwanzig, nach ihren Erzählungen eine totale Partymaus und Hobbyjägerin. Sie wollte die Frettchen zur Jagd ausbilden. Es war nicht unbedingt die Tatsache, dass sie Jägerin war, die mich ablehnen ließ. Vielmehr war ich der Meinung, dass regelmäßige Partys und laute Musik nicht geeignet für Frettchen wären.

Nach vier Monaten erfolgloser Suche gab ich auf. Ich hatte mich inzwischen auch schon zu sehr an Lilly und Sam gewöhnt und wollte sie eigentlich schon gar nicht mehr hergeben.

Also stand wieder eine Vergesellschaftung an. Inzwischen wusste ich ja so halbwegs, wie das ablaufen würde. Denkste! Ich hatte die Rechnung ohne Lilly gemacht. Wie immer wählte ich für ein erstes Zusammentreffen mit meiner Gruppe die Tiere aus, die am verträglichsten waren, also Kira und Tiny.

Sammy benahm sich wie erwartet. Er ließ sich von den Damen beschnüffeln, auch wenn er das total unheimlich fand, und kreischte, sobald er einen Knuff in den Nacken bekam. Anders Lilly. Irgendwie war sie der Meinung, alles gehöre ihr und sie war der Chef. Ich konnte gar nicht so schnell gucken, wie sie Kira und Tiny nacheinander vermöbelte. Das besserte sich auch nach ein paar Tagen nicht. Kira und Tiny ließen Lilly in Ruhe und gingen ihr sogar aus dem Weg, aber Lilly verkloppte meine beiden Süßen, sobald sie ihr über den Weg liefen. Na schön, dann brauchte die kleine Diva wohl einen Denkzettel. Ich holte Julie dazu. Die würde sich das garantiert nicht gefallen lassen. Doch auch hier dasselbe – Julie wurde vermöbelt und Lilly benahm sich wie die Königin. Inzwischen waren meine drei Mädels so eingeschüchtert von Lilly, dass sie nur noch Deckung suchten und teilweise gar nicht mehr unter den Schränken hervorkamen. So was hatte ich noch nicht erlebt, und ich dachte ernsthaft daran, die Vergesellschaftung abzubrechen, um meine Mädels zu schützen. Doch ich hatte ja noch einen Trumpf im Ärmel – meinen weißen Riesen. Merlin war ja auf fremde Frettchen gar nicht gut zu sprechen und zeigte das auf sehr rabiate Weise. Es war an der Zeit, Lilly in ihre Schranken zu weisen. Merlin wartete schon lange auf seine Chance und stand immer wie ein wütender Stier vor der Absperrung und scharrte mit den Füßen.

Das erste Zusammentreffen der beiden war recht kurz. Während Merlin Lilly erst mal fixierte, ging diese sofort muckernd auf ihn zu und zack, zack hatte Merlin ein paar gewatscht bekommen. Lilly stolzierte mit erhobenem Kopf von dannen, und Merlin stand mit weit aufgerissenen Augen da und versuchte zu begreifen, was da eben passiert war. Mir waren indes sämtliche Gesichtszüge entglitten und ich traute meinen Augen kaum. Das konnte doch nicht wahr sein, dass sich diese kleine Kröte hier so danebenbenahm und alle kuschten!

Es war eine wirklich schwierige Vergesellschaftung, die einige Monate dauerte. Nachdem Merlin sich von seinem ersten Schrecken erholt hatte, bot er Lilly Paroli, aber alles in allem ließ er sich ziemlich viel von ihr gefallen. Nur wenn sie es zu sehr auf die Spitze trieb, dann bekam sie eine heftige Abreibung von Merlin und ließ ihn eine Zeit lang in Ruhe.

Männerfreundschaften unter Frettchen sind etwas ganz Niedliches, jedenfalls die, die ich unter meinen Rüden beobachten konnte. Nun auch gerade wieder. Nachdem Merlin nun ja nicht mehr wutentbrannt auf Lilly und Sam losging, sondern eher genervt war und seine Ruhe suchte, konnte ich ihn auch mit den Lütten zusammen laufen lassen. Und mein weißer Riese schien eine große Anziehungskraft auf kleine (Frettchen)Jungs auszuüben. Merlin war tierisch genervt, aber Sam (und damals auch Smart) liebte ihn abgöttisch und wollte immer da sein, wo Merlin war. Wenn Merlin sich irgendwo hinlegte, kam bald auch Sam und legte sich dort hin. Irgendwann wachte Merlin auf, sah Sam neben sich liegen, vermöbelte ihn kurz und zog von dannen, um sich anderswo hinzulegen. Sam war ja nicht doof, er wartete kurz ab, wenn Merlin sich hingelegt hatte, und schlich dann auf Zehenspitzen zum weißen Riesen, um sich klammheimlich wieder neben seinen großen Kumpel zu legen. Irgendwann wachte Merlin wieder auf, sah Sam neben sich liegen, und das Spiel begann von Neuem. Zum Brüllen komisch.

Meine Mädels hatten noch lange Zeit Angst vor Lilly. Mit Julie schloss sie als erstes Frieden. Auch bei ihr konnte sie sich viel erlauben, bis Julie mal die Geduld verlor, aber dann bekam Lilly auch eine ordentliche Tracht Prügel. Tiny war von Natur aus eine sehr ruhige Fähe, die Lilly ihren Rang gar nicht abstreiten wollte, doch Lilly fand es einfach zu toll, Tiny zu jagen und zu triezen. Erst viel später wurden die beiden ein gutes Team und hatten viel Spaß beim Toben, auch wenn bei Lilly ab und an aus Spaß wieder Ernst wurde. Kira indes hatte einfach nur Angst vor Lilly, und das auch nicht ohne Grund, denn Lilly akzeptierte sie in keiner Weise. Kira war die Sanftmut in Person, aber Lilly war der Meinung, wer sich nicht wehrt, der wird erst recht niedergemacht. Ich habe wirklich lange versucht, die beiden aneinander zu gewöhnen. Ich habe stundenlang danebengesessen, wenn Kira schlief und Lilly dazu kam. Ich habe Lilly gelobt und mit Leckerchen belohnt, wenn sie Kira in Ruhe ließ, doch es war egal. Lilly war nicht dumm, sie wusste, dass es Ärger gab, wenn sie auf Kira losging. Irgendwann hielt sie sich zurück, wenn ich dabei war. Man konnte ihr aber deutlich ansehen, wie schwer es ihr fiel. Sobald ich den Raum verließ, war alles vorbei, und Lilly ging sofort auf Kira los. So ging das nicht weiter. Ich musste einsehen, dass es in diesem Fall niemals klappen würde. Alle anderen hatten sich inzwischen arrangiert, aber Lilly wollte Kira einfach nicht akzeptieren.

Was tun? Eigentlich hatte ich nur zwei Optionen. Entweder suchte ich doch weiter nach einem neuen Zuhause für Lilly und Sam oder ich hatte ab sofort zwei Gruppen. Obwohl Lilly so eine Walküre war und ich ja gedacht hatte, an so einen hellen Iltis wie Sammy verliere ich niemals mein Herz, war die Weggabe der beiden eigentlich schon längst keine Option mehr. So ein

Charakterfrettchen wie Lilly musste man einfach lieb haben. Und mein Goldjunge Sammy hatte längst mein Herz im Sturm erobert. Also würde ich ab sofort zwei Gruppen haben. Ich wusste, dass dadurch deutlich mehr Arbeit auf mich zukam und ich auch mehr Zeit investieren müsste, damit keiner zu kurz kommt. Das kannte ich ja schon durch die Zeiten, in denen ich Abgabis hatte. Doch diesmal wäre es von Dauer und würde auch bedeuten, dass ich bis auf Weiteres keine Abgabetiere mehr aufnehmen könnte, da das weder platz- noch zeitmäßig funktionieren würde.

Die Gruppeneinteilung nahm ich folgendermaßen vor. Eine Gruppe kam in den Käfig, die andere lief frei. Etwa alle zwölf Stunden wurde getauscht. Da sich Lilly nur mit Kira nicht vertrug, mit den anderen aber, machte ich keine zwei festen Gruppen. Über Nacht kam Kira in den Käfig. Sie den halben Tag vollkommen von den anderen zu separieren, kam in meinen Augen einer Strafe gleich. Also bekam sie Gesellschaft von Tiny, mit der Lilly immer noch am meisten stänkerte. Tiny fand das aber voll doof und war im Käfig so aktiv und ständig auf Achse, dass sie Kira total unruhig machte. Kira war inzwischen schon acht Jahre alt und verschlief die meiste Zeit des Tages. Ich testete, wie sie klarkam, wenn sie über Nacht allein im Käfig war - und siehe da, Ömchen war dann wesentlich entspannter und schlief eigentlich durch. Tagsüber durfte sie dann wieder zu Julie, Merlin und Tiny. Tagsüber kam Lilly dann in den Käfig. Da sie noch so jung war, war es kein Problem, wenn sie nachts Freilauf hatte. Sie passte sich dem geänderten Rhythmus schnell an. Auch sie bekam Gesellschaft, nämlich Sammy. Auch der gewöhnte sich schnell um. So liefen also tagsüber Kira, Julie, Merlin und Tiny zusammen und nachts Julie, Merlin, Tiny, Lilly und Sam.

Rückblickend betrachtet muss ich sagen, dass ich so etwas nie wieder machen würde, auch wenn man sagt, man soll niemals nie sagen. Ich hatte immer ein schlechtes Gewissen den Tieren gegenüber, die im Käfig waren.

Flitzi

Ende Juli 2007 wurde eine Bekannte von ihrem Tierarzt um Hilfe gebeten. Eine junge Frau brachte ihm eine Frettchenfähe, die eingeschläfert werden sollte. Das Tier war zwar alt, aber noch in einem recht guten Gesundheitszustand, und so weigerte sich der Tierarzt, sie einzuschläfern, und informierte meine Bekannte. Diese nahm die Fähe erst mal bei sich auf, konnte sie aber nur vorübergehend behalten. Mein Freund erklärte sich bereit, die Fähe in Pflege zu nehmen, und so zog Flitzi Ende August 2007 bei ihm ein.

Die rüstige kleine Frettchenoma war schon über 9 Jahre alt und hatte die letzten 2 Jahre allein gelebt und in letzter Zeit von der ehemaligen Besitzerin wohl nicht mehr viel Aufmerksamkeit erhalten. Ihr Äußeres konnte im ersten Moment erschrecken. Sie war teilweise kahl, was auf ein Nebennierenproblem schließen ließ. An einer Hinterpfote fehlte ihr ein Teil einer Kralle und das linke obere Augenlid war stark geschwollen, sodass sie aussah wie ein Boxer nach einem harten Kampf. Laut Tierarzt handelte es sich hier wohl um eine alte Verletzung, die nicht behandelt worden war. Das alles schien Flitzi aber nicht sonderlich zu beeinträchtigen, denn sie war erstaunlich fit und munter.

Als sie zu meinem Freund kam, fand gerade ein Frettchenstammtisch statt, und etwa ein halbes Dutzend Frettchen tobte durch die Bude. Bei dem ganzen Trubel machte Flitzi nicht mit, sondern verzog sich in ein Kuschelkörbchen, was sie schrill kreischend auch erfolgreich gegen alle anderen verteidigte.

Nach dem Stammtisch war sie das einzige Frettchen im Haushalt und hatte viel Platz zum Laufen und erhielt die volle Aufmerksamkeit von meinem Freund, was sie sichtlich genoss und ihr auch guttat, denn sie blühte förmlich auf.

An den Wochenenden, wenn mein Freund zu mir kam, nahm er Flitzi natürlich mit. Anfangs ließen wir Flitzi allein laufen. Aber da ich eh schon zwei Gruppen hatte, war das zeitlich und auch vom Platz her (es konnte immer nur eine Gruppe laufen, die andere war im Käfig) kaum machbar. So versuchten wir, Flitzi mit Kira zu vergesellschaften. Die beiden Frettchenomas waren gleich alt und ihr Tagesablauf bestand eigentlich nur noch aus Schlafen, Fressen und sie vertraten sich häufig kurz mal die Beine. Anfangs zeterten beide sehr und schrien sich an, kuschelten aber bald zusammen und fraßen aus einem Napf. Und so waren die beiden alten Damen am Wochenende immer zusammen.

Im November fing Flitzi an, stetig abzubauen. Trotz Päppelfutter und besonders kalorienreicher Ernährung nahm sie täglich ab. Am 15. November 2007 haben wir daher beschlossen, sie sanft einschlafen zu lassen.

Flitzi
1998 – 15. November 2007

Doppelte Haushaltsführung mit Frettchen

Über die Frettchen lernt man viele neue Leute kennen, ich unter anderem auch meinen Freund. Nur leider lagen gut 200 Kilometer zwischen uns. In der heutigen Zeit sind Fernbeziehungen keine Seltenheit, aber sie stellen einen doch vor gewisse Herausforderungen.

Anfangs wollte ich meinen Tieren den Stress nicht antun und ließ sie jedes zweite Wochenende bei meinen Eltern in Pflege. Doch auf Dauer war das keine Lösung.

Da mein Freund bereits Frettchenerfahrung hatte, war seine Wohnung eigentlich fast frettchensicher, und er war damit einverstanden, dass ich die Tiere mitbrachte.

Um nicht jedes Mal unnötig viel Gepäck mitzuschleppen, musste vieles doppelt angeschafft werden – Kuschelkörbe, Decken, Näpfe, Klos etc., und es musste in jeder Wohnung ein Vorrat an Futter und Katzenstreu vorhanden sein.

Meine Befürchtungen, dass sich die ständige lange Fahrerei negativ auf die Tiere auswirken könnte, bestätigte sich nicht. Mein Auto hatte Klimaanlage, sodass während der knapp zweistündigen Fahrt immer eine angenehme Temperatur herrschte. Die Frettchen wurden auf zwei große Kennel aufgeteilt, damit sie genug Platz hatten. Gegen direkte Sonneneinstrahlung wurden die Kennel mit Tüchern abgedeckt und jeder Kennel bekam eine Nippeltränke. Selbstverständlich wurden die Kennel festgeschnallt. Auch bei kurzen Stadtfahrten machte ich das, also erst recht, wenn ich Autobahn fahre mit den Tieren. Ihre Sicherheit war oberstes Gebot. Schon nach kurzer Zeit hatten sich die Frettchen an die Prozedur gewöhnt und legten sich schlafen, sobald der Motor startete. Nur Kira und Tiny protestierten ab und an mit Kratzen oder Gitterbeißen. Aber das war immer nur von kurzer Dauer.

Bei meinem Freund angekommen wartete jedes Mal schon ein frisch gefüllter Wasser- und Futternapf auf die Meute. Nach einer kurzen Stärkung machte sich die gesamte Bande dann auch immer sofort daran, die Wohnung gründlich zu inspizieren. Das taten sie selbst nach Monaten und Jahren noch, wo ihnen ihre Zweitwohnung doch eigentlich schon bestens bekannt sein müsste. Aber zur Sicherheit wurde jedes Mal jede Ecke und jeder Winkel überprüft. Nicht, dass den Herrschaften irgendwelche Neuerungen entgingen. Wenn alles zur Zufriedenheit der Monster war, hatten sie auch endlich Zeit zum Toben nach der langen Autofahrt.

Wir hatten den Frettchen mehrere schöne Schlafplätze zurechtgemacht, doch die Dickköpfe suchten sich als ihren Lieblingsplatz ausgerechnet eine recht kleine Holzschublade aus, in die sich dann auch alle möglichst gleichzeitig hineinquetschten. Nachdem wir ihnen noch eine Fleecedecke hineinlegten, war dieses Plätzchen natürlich ein noch größerer Renner. Frettchen sind manchmal wirklich sehr leicht glücklich zu machen ...

Wenn mein Freund zu mir kam, war es für die Frettchen ebenso spannend, als wenn wir zu ihm fuhren. Sobald er seine Reisetasche abstellte, um seine Sachen auszupacken, hingen mindestens drei Frettchen in seinem Koffer, durchstöberten den Inhalt auf der Suche nach Interessantem und hatten einen Heidenspaß.

Wie gesagt, waren meine Monster nicht die ersten Frettchen, mit denen mein Freund Bekanntschaft machte. Er war also mit den Eigenarten und Marotten der kleinen Räuber vertraut. Lilly allerdings verlangte ihm einiges ab. Meine kleine Diva stänkerte nun mal gerne und testete bei jedem, wie weit sie gehen konnte. Egal, ob wir bei mir zu Hause oder bei meinem Freund waren, sobald Lilly auf ihn traf, dauerte es nicht lange und sie hatte ihn mal wieder ordentlich gezwickt. Nach etwa anderthalb Tagen hatte sie ihn jedoch akzeptiert und sozusagen ins Rudel aufgenommen. Da war das Wochenende dann aber schon immer fast vorbei. Und wenn mein Freund dann unter der Woche nicht da war und Lilly ihm erst freitags wieder begegnete, hatte sie bis dahin schon längst wieder vergessen, dass sie mit ihm bereits alles ausgefochten hatte, und so ging alles wieder von vorne los. Selbst wenn sie längere Zeit mit ihm zusammen war, zum Beispiel im Urlaub, hatte sie es doch danach schnell wieder vergessen, dass mein Freund jetzt eigentlich zum Rudel gehörte. Ich konnte schwer einschätzen, ob sie es sich wirklich nicht merken konnte oder ob sie sich einfach nur einen Spaß daraus machte, den Ärmsten zu triezen.

Auch sonst hatte es mein Freund nicht immer leicht. Bei mir in der Wohnung durften die Frettchen auch ins Schlafzimmer. Sie durften ins Bett und dort toben oder ein Schläfchen halten. Allerdings nur, bis ich beziehungsweise wir zu Bett gingen. Dann hieß es für die Frettchen, raus aus den Federn und ab in die eigenen Kuschelkörbchen. Da sich einige Schlafplätze auch im Schlafzimmer befanden, blieb die Schlafzimmertür auch über Nacht geöffnet. Die Frettchen akzeptierten es, dass sie nicht ins Bett durften, sobald die Zweibeiner dort waren. Allerdings setzte fast die gesamte Bande den Begriff Zweibeiner mit mir gleich. Sprich, solange ich im Bett war, wurde es artig gemieden. Sobald ich allerdings aufstand, enterte die Meute die Schlafstätte, ganz gleich, ob mein Freund noch im Bett war oder nicht. Wenn er dann nicht von den tobenden Frettchen geweckt wurde, dann auch gerne mal von Merlin oder Lilly, die sich unter die Decke schlichen und meinem Freund dann in die Beine zwickten.

Tiere haben einen feinen Sinn dafür, ob Menschen konsequent sind oder nicht. Auch wenn ich Protest ernten werde, es war nun mal so, dass ich zu erster Kategorie gehörte und mein Freund zu letzterer. Es war also auch nicht verwunderlich, dass die kleinen Monster ständig bei ihm bettelten, wenn wir beim Essen waren. Bei mir hieß „Nein" auch Nein, und die Frettchen merkten schnell, dass hier nichts zu holen ist. Ganz anders bei meinem Freund. Es war nicht so, dass er nicht auch „Nein" sagte, aber irgendwie hatte es eine andere Wirkung auf die Frettchen. Sie interpretierten es bei ihm eher als ein „Vielleicht". Und so musste mein Freund meist mit mindestens einem Frettchen um seinen Joghurt oder sein Käsebrötchen „kämpfen", während ich ungestört essen konnte.

Ein langes Frettchenleben geht zu Ende

Kira war inzwischen zehn Jahre alt. Ich war mächtig stolz, dass meine kleine zierliche Oma dieses biblische Alter erreicht hatte. Und das, obwohl sie herzkrank war und mit einem Insulinom zu kämpfen hatte.

Natürlich machte sich das Alter auch bei Kira bemerkbar. Obwohl sie noch alle Zähne hatte und diese auch, bis auf etwas Zahnstein, in Ordnung waren, hatte Kira beim Fressen schon ein paar Probleme. Trockenfutter konnte sie gar nicht mehr fressen. Nassfutter war kein Problem. Aber wenn ihr beim Kauen etwas aus dem Mäulchen fiel, was nun regelmäßig vorkam, dann bemerkte die kleine tüttelige Dame das nicht mehr. Wenn es Fleisch gab, waren die zartesten Stückchen für Kira reserviert. Pute war ja eh sehr weich, da hatte auch Ömchen keine Probleme. Aber wenn es Mägen gab, stellte Kira das vor eine große Herausforderung. Selbst gesunde Frettchen im besten Alter hatten an Mägen ordentlich zu kauen. Kira bekam nur Stücke, wo ich die Magenwand bereits entfernt hatte und somit der am schwersten zu kauende Teil schon mal weg war. Nach wie vor fraß Kira gern Mägen und holte sich ihre Portion. Doch mehr als ein kleines Stückchen schaffte sie dann doch nicht und selbst dabei wurde sie vom vielen anstrengenden Kauen mit der Zeit müde. Dann legte sie sich beim Fressen hin. Irgendwann wurden die Kaugeräusche langsamer, Ömchens Kopf sank auf den Boden und Kira schlief mit einem Stückchen Magen im Mäulchen ein. Wenn ich sie dann vorsichtig anstupste, wurde sie wieder wach und kaute weiter.

In den letzten Jahren hatte Kira zum Winter hin nicht mehr an Gewicht zugelegt. Das ganze Jahr hindurch hielt sie ihr Gewicht konstant, es gab keinen Unterschied mehr zwischen Sommer- und Wintergewicht. Im Internet konnte ich zu diesem Thema keine Informationen finden und auch eine Nachfrage in Frettchenforen blieb ohne Erfolg.

Jetzt im Alter stellte Kira auch nach und nach die Fellpflege ein. Ich denke mal, weil sie es einfach nicht mehr konnte. Dadurch sah ihr Fell ziemlich struppig aus. Bürsten mochte sie überhaupt nicht, also ärgerte ich sie damit auch nicht.

Ohren sauber machen hatte Kira schon immer gehasst. Nun im fortgeschrittenen Alter fing sie jedes Mal an, unter sich zu machen beim Ohrenputzen. Ich denke mal, dass es aus Aufregung erfolgte und nicht aus Protest. Trotzdem war es sowohl für Kira als auch für uns immer unangenehm, wenn beide Seiten nachher nass waren. Wir haben uns beholfen, indem wir Kira fortan über der Badewanne die Ohren sauber machten. So blieben wir ganz trocken, und auch Ömchen bekam nur ein paar Tropfen ab, die man schnell abwischen konnte.

Etwa mit neun Jahren wurde Kira dann richtig inkontinent. Anfangs hatte sie Probleme damit, in die Katzenklos zu klettern. Diese hatten Ränder, die handbreit hoch waren, was für ein altes und nicht mehr ganz so bewegliches Frettchen eine ganz schöne Hürde war. Ich organisierte ein Katzenklo mit einem niedrigeren Rand, doch wenn die alte Dame sich in den Kopf gesetzt hatte, ein ganz spezielles Katzenklos nutzen zu wollen, und gerade dieses eben keinen niedrigen Rand hatte, dann war es eben doch wieder so, dass sie es halb ins Klo schaffte, mit dem Bauch auf dem Klorand hing und mit den Hinterbeinen so lange strampelte, bis sie es ganz ins Klo geschafft hatte. Zu dieser Zeit merkte Kira es noch rechtzeitig, dass sie mal dringend wohin musste. Später war es so, dass sie aus dem Schlaf hochschreckte und sofort in Richtung Klo rannte, es aber nicht mehr bis zum Ziel schaffte und dann auf halbem Wege ihre Notdurft verrichtete. Kira war ihr Leben lang ein sehr sauberes Frettchen gewesen, was penibel jedes Mal das Klo aufsuchte. Vielleicht interpretiere ich da etwas hinein, aber ich hatte das Gefühl, dass es Kira sehr unangenehm war, dass sie es nun nicht mehr bis aufs Klo schaffte.

Eigentlich war es ja kein Problem, wenn ein Häufchen danebenging. Bei Kira war es aber so, dass sie nun keine festen wohlgeformten Würste mehr machte. Ihr Kot war breiig mit Tendenz zu flüssig. Meist setzte sie den Kot auch schon während des Laufens ab, verteilte ihn also schön und lief auf dem Rückweg dann noch einmal durch. Da sie oft auch mitten im Zimmer nicht mehr an sich halten konnte, war es also immer eine schöne Sauerei. Kira war dreckig, weil sie durchgelaufen war. Mehrmals täglich musste ich ihre Pfoten mit einem feuchten Lappen reinigen. Und ebenfalls mehrmals täglich kroch ich nun mit Eimer und Putzlappen auf allen vieren durch die Bude und wischte komplett durch. Linoleum ist da ja zum Glück sehr pflegeleicht, die Teppichbrücke im Wohnzimmer nahm das schon mehr mit. Aber ich hatte ja einen Dampfstaubsauger. Die alte Dame konnte natürlich nichts dafür, dass sie nun inkontinent war. In der Regel war ich da auch sehr nachsichtig. Aber manchmal, wenn man völlig fertig und gestresst von der Arbeit kommt und weiß, man kann sich nicht einfach auf die Couch lümmeln und entspannen, weil man noch ein vollgekacktes Frettchen und die ganze Wohnung putzen muss, da ist einem schon mal zum Heulen zumute.

Nun, mit einem sehr alten Frettchen, stellte ich auch fest, dass ich bei der Planung des Käfigs nicht daran gedacht hatte, dass Frettchen im Alter nicht mehr so können, wie sie gerne wollen. Schon die Blende an der Käfigunterseite konnte Kira nun kaum noch überwinden. Ähnlich wie bei den Klos blieb sie meist mit dem Bauch hängen und strampelte dann so lange mit den Beinchen, bis sie drüber kam. Damit Kira problemlos an Futter und Wasser kam, stellte ich die Näpfe nun vor den Käfig. Schlafplätze außerhalb des Käfigs waren sowieso schon vorhanden. Aber ich habe ja schon erwähnt, dass Kira sehr stur sein konnte. Wenn sie in der obersten Etage des Käfigs schlafen wollte, dann war das eben so. Das Ömchen immer total am Schnaufen war und pumpte wie nach einem Marathon, wenn sie oben angekommen war, war ihr egal.

Im Sommer 2008 ging es dann nicht mehr. Kira hatte starke Gleichgewichtsprobleme und wirkte oft abwesend. Obwohl ich sie ständig am Futternapf sah, hatte sie stark abgenommen. Sie bekam nun alle paar Stunden zusätzlich eine Aufbaunahrung, die sie auch freiwillig und reichlich nahm. Dadurch nahm sie wieder etwas zu, aber die Gleichgewichtsprobleme blieben, und sie war auch immer noch oft abwesend. Während des Fressens und wenn sie aufs Klo musste, musste Kira gestützt werden, da sie sonst umfiel.

Der Tierarzt konnte nichts mehr tun, gegen das Alter gibt es keine Medizin. Da Kira ohne fremde Hilfe nicht mehr alleine fressen und aufs Klo gehen konnte, wäre es Quälerei gewesen. Um es nicht so weit kommen zu lassen, haben wir uns schweren Herzens entschlossen, die alte Dame einschlafen zu lassen.

Auch bei ihrem letzten Tierarztbesuch war Kira abwesend, sie nahm die Narkosespritze und hoffentlich auch unsere Tränen nicht wahr. Trotzdem war ihr Herz noch extrem stark und kämpfte lange gegen die Narkose an. Dann aber schlief Kira friedlich ein.

Kira
1998 – 25. Juli 2008

Ich liebe jedes meiner Tiere sehr, aber Kira wird immer etwas Besonderes sein. Sie und ihr Bruder Chester waren meine ersten Frettchen. Sie hat mich 8 Jahre lang begleitet. Ich habe sehr viel von ihr gelernt und ihr so viel zu verdanken.

Die nackte Wahrheit

Ende September 2008 entdeckte ich bei Julie eine kahle Stelle im Fell. Auf dem Rücken hatte sie sprichwörtlich ein Loch im Fell. Die Stelle war einfach kahl, keine Rötung oder Ähnliches war vorhanden. Ansonsten zeigte Julie keine Auffälligkeiten, sie war munter und gut drauf. Sie war auch gerade im Fellwechsel, der Fettschwanz wuchs zu. Aber die kahle Stelle blieb kahl, dort kamen keine Haare nach.

Beim Tierarzt konnten Pilze, Bakterien oder Parasiten ausgeschlossen werden. Aber Julies Lymphknoten am Kiefer waren etwas geschwollen. Außerdem äußerte der Tierarzt den Verdacht auf Nebennierentumor. Da Julie sonst aber ein sehr gutes Allgemeinbefinden zeigte, sollte erst einmal abgewartet werden, ob die kahle Stelle durch den Fellwechsel nicht doch zuwächst.

Doch auch einen Monat später war die kahle Stelle immer noch da. Auch wurde das Fell auf dem Rücken insgesamt etwas lichter. Aber ansonsten ging es Julie immer noch prima. Also wurde eine Ultraschalluntersuchung vorgenommen. Mit Babybrei, den sie mir vom Finger leckte, ließ sich Julie auch gern zur Mitarbeit bewegen. Die Untersuchung war ohne Befund, sowohl die Nebennieren als auch die inneren Lymphknoten zeigten keine Auffälligkeiten.

Um ganz sicher zu gehen, dass mit Julie alles in Ordnung war, holten wir uns eine zweite Meinung. Auch hier konnten beim Abtasten keine Veränderungen an den Nebennieren festgestellt werden, doch Haarverlust sei ein eindeutiges Zeichen für einen Nebennierentumor. Also bekam Julie ab sofort Medikamente.

Die Medikamente hatten jedoch starke Nebenwirkungen, sodass wir sie nach drei Tagen absetzen mussten. Julie hatte Gleichgewichtsprobleme, sie taumelte, hatte Probleme beim Klettern und Springen und schlief viel.

Auch nach dem Absetzen der Medikamente konnte Julies vorheriger Gesundheitszustand nicht ganz wiederhergestellt werden. Die Gleichgewichtsprobleme hatten sich zwar gebessert, aber nun kam plötzlich eine Kopfschiefhaltung dazu. Und sie hatte eine linksseitige Lähmung im Gesicht, ihr linkes Auge konnte sie nicht richtig öffnen, und der Tierarzt meinte, er hätte auch erkannt, dass Julies linker Mundwinkel etwas hängt. Der Tierarzt zog alle Register, aber wir bekamen es nicht sehr gut in den Griff. Julies Zustand besserte sich nur leicht. Durch die Gesichtslähmung hatte sie große Probleme beim Fressen und daher so stark abgenommen, dass wir sie päppeln mussten. Kauen bereitete ihr große Probleme und teilweise auch das Schlucken von Futterbrocken. Am besten kam sie momentan mit Futter von breiiger Konsistenz zurecht. Trotzdem brauchte Julie beim Fressen sehr lange und viel Unterstützung, denn sie zog den Kopf immer nach links weg und fand dann das Futter nicht mehr, bis man sie wieder in die richtige Richtung drehte.

Anfang Dezember fing sie dann an, ihr Fell zu verlieren. Es ging am Rücken los und zog sich dann nach vorne. Bald hatte Julie nur noch etwas Fell an den Beinen und am Kopf. Doch kurz darauf fielen ihr auch dort die Haare aus. Innerhalb von vier Wochen war Julie komplett kahl. Ein nacktes Frettchen war ein Bild des Jammers. Meine wunderhübsche Zimtpüppi sah nun so krank und zerbrechlich aus.

Julie hatte nun mit starkem Juckreiz zu kämpfen. Sie war ständig am Kratzen und hatte sich einige Stellen schon wund gekratzt. Von einer Bekannten bekam ich den Tipp, sie mit Babyöl einzureiben, damit die Haut schön geschmeidig blieb. Also versuchten wir das. Ich hätte nicht gedacht, wie schwierig es sein würde, ein Babyöl ohne Parfümzusatz zu finden. Man sollte meinen, bei so empfindlichen Wesen wie Babys verzichtet jeder Hersteller auf solche Zusätze. Aber nein, mit Mühe und Not konnten wir ein Babyöl finden, das parfümfrei war. Den gewünschten Erfolg brachte es allerdings nicht, sodass wir es nicht allzu lange anwandten. Zumal Julie Öl ja liebte und dann ständig dabei war, sich das Zeug sofort wieder vom Körper zu lecken. Auch die anderen Monster waren der frisch eingecremten Julie dann ständig auf den Fersen, weil auch sie Öl liebten. Das war also nix.

Da es ja nun Winter war, als Julie ihr Fell verlor, machte ich mir Sorgen, ob sie frieren würde. Ich sah sie zwar nie zittern und sie war auch immer schön warm, wenn ich sie anfasste, aber so ganz beruhigte mich das nicht. Von daher versuchte ich, Julie warm einzupacken. Ich schnitt eine Socke zurecht und zog sie Julie über. Aber das mochte sie überhaupt nicht. Sie gebärdete sich, als hätte ich sie in eine Zwangsjacke gesteckt, und gab erst Ruhe, als sie das Ding abgestreift hatte. Auch als meine Mutter ihr einen Pullover strickte, der ihr perfekt passte, fand sie das ätzend. Sie drehte und wälzte sich dann immer so lange auf dem Boden, bis sie den Pulli abgestreift hatte oder ich ihn ihr auszog.

Zum Jahreswechsel hatte Julies Zustand sich wieder etwas verschlechtert. Auch ihr linkes Ohr hing nun etwas herunter, und das linke Auge, das sie ja eh schon nicht mehr richtig schließen konnte, war leicht geschwollen, wurde erst trübe und dann blutunterlaufen. Außerdem hatte sie ab und an Probleme bei der Atmung, offenbar hauptsächlich beim Ausatmen. Als der Doc einen Blick in Julies Maul tat, verdüsterte sich seine Miene. Julie hatte einen Tumor hinter dem linken Auge, der bereits in den Rachenraum wucherte und ihre Atemprobleme verursachte. Diese Art von Krebs streute extrem und war nicht heilbar. Ich konnte nichts weiter tun, als Julie einschlafen zu lassen.

Julie
Mai 2002 – 08. Januar 2009

Krümel

Am 07. Juli 2009 erreichte mich vormittags ein Anruf. Das junge Mädel erklärte mir, dass bei ihrer Mutter (die Tierärztin ist) am 03. Juli ein Mauswieselbaby abgegeben wurde. Sie hatte den Winzling bis jetzt gepäppelt, aber nicht genug Zeit, sich weiterhin um die Aufzucht zu kümmern. Daher bat sie mich um Hilfe. Wir vereinbarten, dass sie den Welpen am Abend vorbeibringen würde. Doch zur verabredeten Zeit kam niemand. Stattdessen klingelte das Telefon und das Mädel war dran. Sie und ihre Mutter überlegten, ob sie das Wieselchen nicht selber großziehen und dann behalten sollten, da sie auf dem Lande wohnten und einen Hof mit viel Platz hatten. Nachdem ich ihnen lange ins Gewissen geredet hatte und darauf hinwies, dass Wildtiere in die Freiheit gehören und er wieder ausgewildert werden sollte und die Hauskatzen der Familie eine Gefahr für den Lütten darstellten, wurde eingesehen, dass es das Beste ist, wenn das Baby zu mir kommt.

Ich hatte mich inzwischen belesen und alles vorbereitet, ein Kistchen mit Wärmflasche und Handtuch zurechtgemacht und Futter und Aufzuchtmilch bereitgestellt. Beim Mauswiesel lässt ja schon der Name erahnen, dass die Tiere nicht sehr groß sind, trotzdem hatte ich solch einen Winzling nicht erwartet. Der Knirps war nur daumengroß. Er hatte die Augen geöffnet, die endgültige Fellfärbung war da und die Zähnchen brachen auch schon durch. Er war sehr agil und krabbelte viel und fraß nach Angabe des jungen Mädels auch schon feste Nahrung. Er wog 26 Gramm. Die Tierärztin hatte ihn auf dreieinhalb Wochen geschätzt, was laut Fachliteratur auch hinkommen dürfte. Mauswiesel sind in ihrer Entwicklung wesentlich schneller als Frettchen.

Nachdem ich nun gesehen hatte, wie klein der Welpe war, musste ich umdisponieren. Das Handtuch legte ich auf den Boden der Kiste und als Kuschelmaterial erhielt er zerkleinerte Papiertücher, damit er sich in dem für ihn riesigen Handtuch nicht verfangen konnte. Ein weiteres Handtuch deckte ich halb über die Kiste, damit es mehr den Charakter einer Höhle hatte. Auch meine Nuckelflasche konnte ich nicht nutzen. Sie war eigentlich schon recht klein, aber trotzdem mehr als doppelt so groß wie das Wieselchen. Also nutzte ich eine 1-ml-Spritze ohne Nadel für die Fütterung. Anfangs tat ich mich sehr schwer. Der Kleine war sehr agil und kaum zu bändigen, wenn ich ihn in die Hand nahm, und ich hatte furchtbare Angst, ihm wehzutun, wenn ich ihn festhielt. Er sah so zerbrechlich aus. Doch mit jeder Fütterung bekam ich mehr Routine und kam bald gut mit dem Leichtgewicht klar.

Nach der ersten Fütterung sah ich mir den Welpen genauer an. Die Körperoberseite und der Schwanz waren hellbraun, die Körperunterseite inklusive Unterkiefer und Hals komplett weiß. Am Bauch verlief der Farbübergang in Zickzacklinien. Etwas unterhalb der Augen hatte er kleine braune Wangenflecken. Diese Flecken und die fehlende schwarze Schwanzspitze unterschieden ihn, abgesehen von der Körpergröße, von einem Hermelin.

Ich taufte den kleinen Mann auf den Namen Krümel. Er bekam nachts alle zwei Stunden die Flasche. Tagsüber konnte ich ihn nur alle vier Stunden füttern, da ich arbeiten musste und ihn nicht mit ins Büro nehmen konnte. Da er aber schon feste Nahrung zu sich nahm, hatte er auch am Tag Futter zur Verfügung. Ich vermerkte mir ganz genau, wann er wie viel getrunken und gefressen hatte und ob er zunahm, denn bei solch einem geringen Gewicht musste ich schnell reagieren können, falls er abnehmen würde.

In der ersten Nacht hatte Krümel Durchfall, was mich ziemlich in Panik versetzte, dass er dehydrieren könnte. Ich hatte die Aufzuchtmilch, die mir das junge Mädel mitgegeben hatte und die er gewöhnt war, weiter gegeben. Da der Durchfall aber nicht besser wurde, stellte ich ihn um auf die Aufzuchtmilch, mit der ich schon bei meinem Steinmarder gute Erfolge erzielt hatte. Durch die Umstellung auf eine andere Marke hatte Krümel nach der ersten Fütterung noch einmal heftigen Durchfall, danach war der Kot so, wie er sein sollte.

Bei jeder Mahlzeit nahm Krümel zwischen einem und zwei Milliliter Milch und zusätzlich etwas Nassfutter, was ich teilweise mit Milch vermengte, zu sich. Zum Kot- und Urinabsetzen ging er in die Ecke seines Kistchens, die am weitesten von seinem Schlafplatz mit der Wärmflasche entfernt war. Ich hatte absichtlich darauf verzichtet, ihm eine Ecke mit Katzenstreu anzubieten. In freier Wildbahn würde er so was auch nicht finden.

Am Abend des zweiten Tages erlebte ich eine amüsante Überraschung. Der kleine Mann war inzwischen ganz schön aktiv geworden, und als ich für die nächste Fütterung ins Zimmer kam, saß er auf dem Handtuch, welches ich über die Kiste gedeckt hatte, und war von meinem plötzlichen Auftauchen wohl so erschrocken, dass er mich mit offenem Mäulchen und gesträubtem, erhobenem Schwänzchen anschrie. Nachdem meine Verwunderung verflogen war und ich mir auch nicht erklären konnte, wie er dort hingekommen war, musste ich nur noch grinsen. Der Anblick war einfach zu niedlich. Der Zwerg war inzwischen gerade mal dreißig Gramm schwer, und doch stellte er sich mir todesmutig entgegen. Sein Schwänzchen war kaum mehr als ein Streichholz, und doch konnte man jedes einzelne Haar erkennen, das sich dort sträubte. Ich redete leise mit ihm und er kletterte vom Handtuch hinab auf den Boden und verschwand unter seiner Kiste. In diesem Moment war ich heilfroh, dass ich die Kiste in die Badewanne gestellt und Gott sei Dank auch den Abfluss verschlossen hatte. Mauswiesel sind so klein, dass sie in fast jede Ritze kommen. Wäre mir Krümel im Zimmer ausgebüxt, hätte ich ihn niemals wiedergefunden.

Ab dem dritten Tag schlief Krümel hin und wieder auch schon neben der Wärmflasche, und sein Fell war nicht mehr struppig, sondern glänzte und lag glatt am Körper an. Er fraß und trank gut und wurde immer aufgeweckter. Um seinem Bewegungsdrang entgegenzukommen, ließ ich ihn nun auch im Badezimmer unter Aufsicht laufen. Natürlich nur dort, wo er auf keinen Fall irgendwo hinter oder drunter verschwinden konnte. Er war unglaublich schnell und immer darauf bedacht, Deckung zu finden. Während des Freilaufs dient ihm mein Hausschuh als Unterschlupf, in den er zwischendurch immer wieder zurückkehrte und aus der Sicherheit seiner „Höhle" heraus die Umgebung begutachtete.

Gleich nach Krümels Ankunft bei mir nahm ich Kontakt mit einer Wildtierhilfe auf, und schon eine Woche später brachten wir ihn dort hin. Wie üblich, wenn ich meine Wildtierpfleglinge weggab, gingen meine Gefühle wieder mit mir durch, und ich weinte während der ganzen Fahrt. Mein Freund war völlig verzweifelt, weil er mich nicht beruhigen konnte. Aber der Schlafmangel der letzten Tage und die Sorge darum, wie Krümel in der Freiheit klarkommen würde, hatten mein Nervenkostüm extrem dünn werden lassen, und schon beim kleinsten Gedanken daran, dass meinem Adoptivkind etwas zustoßen könnte, flossen bei mir die Tränen.

Er bekam in der Wildtierhilfe ein etwa einen Meter langes Terrarium, das mit Laub, Moos und allerlei Versteckmöglichkeiten ausgestattet war. Eine Woche später besuchte ich ihn noch einmal, um zu sehen, wie er sich machte. Als wir ihn abgegeben hatten, wog er 37 Gramm. Inzwischen hatte er weiter kräftig zugelegt und war ein ganzes Stück gewachsen. Nach Angabe der Mitarbeiter dort fraß er nun auch schon Mäuse und war auf einem guten Weg, bald erfolgreich ausgewildert zu werden.

Der weiße Riese geht

Merlin hatte schon längere Zeit gesundheitliche Probleme, die ihm sehr zu schaffen machten. Bedrohlich wurde es das erste Mal im September 2008. Spät abends bekam er plötzlich heftige Atemnot. Es war eine Mischung aus Husten und Schreien und ging mir durch Mark und Bein. Merlin war panisch, sein Brustkorb steinhart. Der Anfall dauerte mehrere Minuten. Nach einer kurzen Pause kam der nächste. Also klingelte ich völlig aufgelöst nach 22 Uhr noch meinen Tierarzt aus dem Bett. Während ich mit ihm telefonierte, hatte Merlin wieder einen Anfall, und der Doc konnte das hören. Er wies uns dann auch an, sofort in die Praxis zu kommen.

Merlin hatte kein Fieber, seine Herzfrequenz war normal und es waren keine Geräusche auf der Lunge zu hören. Als Sofortmaßnahme bekam er ein Antiallergikum. Wir blieben noch in der Praxis, bis sich Merlins Zustand etwas stabilisiert hatte.

Am nächsten Tag waren wir wieder beim Tierarzt für weitere Untersuchungen. Das Röntgenbild zeigte eine Verschattung auf der gesamten Lunge. Die Diagnose lautete Lungenentzündung. Das überraschte mich etwas, denn ich konnte mir nicht erklären, wie es dazu gekommen war. Aber wenigstens wussten wir nun, was Merlin fehlte und wie wir es behandeln konnten.

Doch schon sechs Wochen später ging alles wieder von vorne los. Merlin hatte wieder heftige Atemnot. Das neue Röntgenbild war eine einzige Katastrophe und schlimmer als beim ersten Mal. Nun war nicht nur die Lunge verschattet, sondern auch der Brustraum voller Wasser. Merlin bekam neue Medikamente und wurde ab jetzt entwässert. Außerdem bekam ich für Notfälle, wenn er wieder Atemnot bekam, ein Mittel mit. Eine genaue Diagnose konnte der Tierarzt nicht stellen. Es konnte sein, dass Merlin etwas nicht auskuriert und dadurch verschleppt hatte. Der Doc wies aber auch vorsichtig darauf hin, dass es sich um ein Tumorgeschehen handeln konnte.

Wir beschlossen daher, uns eine 2. Meinung bei einem Frettchenspezialisten zu holen. Dort wurde ein Herzfehler bei Merlin festgestellt. Seine Blutwerte waren aber in Ordnung.

Da Merlin in den folgenden Wochen und Monaten trotzdem immer mal wieder Atemnot bekam und die Kontrollröntgenbilder immer nur eine leichte Besserung zeigten, wies der Tierarzt wieder darauf hin, dass es sich um ein Tumorgeschehen handeln konnte, auch wenn bei einem erneuten Blutbild wieder alle Werte im grünen Bereich waren.

Mitte Mai 2009 versetzte uns Merlin dann wieder in Angst und Schrecken. Bereits morgens hatte ich das Gefühl, dass er seltsam atmete. Als wir dann nachmittags nach Hause kamen, atmete Merlin nur noch krampfartig und war apathisch. Röntgen und Ultraschall zeigten Unmengen von Wasser. Der Tierarzt riet zu einer Punktion des Brustkorbs unter Narkose, damit er die Flüssigkeit absaugen konnte. Merlin würde sonst ersticken. Ich nickte nur zustimmend, und als der Doc los eilte, sackte ich schluchzend auf meinem Stuhl zusammen.

Die Minuten krochen zäh dahin und fühlten sich an wie Stunden. Die reguläre Sprechstunde war schon längst vorbei, als der Tierarzt uns zu sich rief. Er zeigte uns eine Nierenschale mit roter Flüssigkeit, die er aus Merlins Brustraum per Spritze abgezogen hatte. Es handelte sich dabei um Lymphe (Chylus), wie später der Laborbericht ergab.

Trotzdem hatten wir nach wie vor keine eindeutige Diagnose. Der Ultraschall hatte jedoch gezeigt, dass Merlins Herzklappen stark geschädigt waren.

Mein weißer Riese erholte sich nie ganz. Er schlief viel und tobte kaum noch, hatte aber guten Appetit und hielt auch sein Gewicht. Er genoss es sehr, dass er eine Sonderbehandlung bekam und viele Extra-Streicheleinheiten und -Leckerlis.

Mitte August war ich wieder mit ihm beim Tierarzt, weil Merlin einfach viel zu schnell atmete. Er hatte Geräusche auf der Lunge, die aber nicht auf Wasser schließen ließen. Er bekam Kortison gespritzt.

Nach anfänglicher Besserung ging es Merlin 2 Tage später schlechter als je zuvor. Er atmete extrem schnell, war abwesend, sehr unruhig und wirkte müde. Da ich bei meinem Freund war, gingen wir dort zum Tierarzt. Das Röntgenbild zeigte kein Wasser, sondern feste Zubildungen in der Lunge. Es handelte sich dabei wahrscheinlich um tumoröses Gewebe. Merlin hatte nur noch 10 Prozent Lungenvolumen, alles andere war zugewuchert. Der Tierarzt erklärte uns, dass Merlin wahrscheinlich seit Längerem nicht mehr geschlafen hatte, da ihm das Atmen schwerer fiel, wenn sich die Muskulatur entspannte. Er riet zum Einschläfern.

Ich war zutiefst geschockt. Erst jetzt fiel mir auf, dass ich Merlin in den letzten 2 Tagen wirklich nicht schlafen gesehen hatte. Er lag zwar immer in einem der Kuschelkörbchen, aber er schlief nie, sondern hielt immer den Kopf hoch. Ich machte mir große Vorwürfe, warum mich das nicht stutzig gemacht hatte. Wir nahmen Merlin wieder mit, aber nur, damit ich meine Sachen packen und meine Tierärztin anrufen und einen Termin vereinbaren konnte.

Während wir zu mir nach Hause fuhren, weinte ich fast nur. Merlin war immer noch abwesend. Damit er von den anderen im Kennel nicht bedrängt wurde, setzte ich ihn in den Fußraum des Autos. Dort blieb er einfach so liegen, wie ich ihn ablegte, und atmete rasend schnell. Also nahm ich ihn wieder hoch und legte ihn mir über die Schulter, sodass sein Kopf höher war als der Rest seines Körpers. Ich stellte die Lüftung so ein, dass sie ihn leicht anpustete. So schien Merlin etwas weniger Probleme beim Atmen zu haben.

Die Tierärztin erwartete uns schon. Sie untersuchte Merlin noch einmal kurz, sah sich das Röntgenbild an und bestätigte uns, dass man nichts mehr tun könne, außer Merlin zu erlösen.

Merlin kämpfte nach der Narkosespritze ganz verzweifelt gegen das Einschlafen. Ich erinnerte mich an die Worte des Tierarztes, dass er noch mehr Probleme beim Atmen hatte, wenn sich die Muskeln entspannten. Ich nahm ihn wieder auf den Arm, hielt sein Köpfchen hoch und redete unter Tränen beruhigend auf ihn ein, während es mir fast das Herz zerriss, ihn so zu sehen. Erst als Merlin für immer eingeschlafen war, beruhigte ich mich wieder etwas.

Mein weißer Riese wurde neben seiner Schwester Julie und all meinen anderen Tieren, die schon über die Regenbogenbrücke gegangen waren, unter einem kleinen Fliederbäumchen begraben.

Merlin
Mai 2002 – 16. August 2009

Maja, Biene & Willi

Anfang August 2009 wurde ich in einem Forum auf eine Anzeige aufmerksam. Eine Hobbyzüchterin war auf ihren Welpen sitzen geblieben und wollte sie nun loswerden. Unter der Bedingung, dass sie die zwei Fähen und den Rüden kostenlos abgibt, bot ich ihr an, dass ich die Welpen nehme und weitervermittele. Damit war sie einverstanden.

Am 22. August holten wir die Welpen ab. Aber nicht bei ihr zu Hause, sondern bei den Schwiegereltern, wo an diesem Tag eine Feierlichkeit stattfand.

Wir wurden in den Garten zum Käfig geführt, der in der prallen Sonne in einer zugigen Ecke stand. Die vier Frettchen (der Vater war auch dabei, die Mutter allerdings nicht) waren in einen Meerschweinchenkäfig gepfercht.

Die Käfigeinrichtung bestand aus einer Nippeltränke, einem Napf mit einer schwarzen Pampe und einem Eckklo mit Pellets (kein Katzenstreu). Da es keine Rückzugsmöglichkeit gab, hatten es sich die Frettchen im Klo „bequem" gemacht. Als wir nachfragten, ob die Tiere denn keine Kuscheldecke zur Verfügung hätten, wurde uns mitgeteilt, dass die Decke nass geworden sei und gerade trocknete. Zum Beweis zeigte die junge Frau auf einen dreckigen alten Lumpen, der auf der Wäscheleine hing.

Die „Züchterin" war ein junges Mädel Anfang zwanzig und von Frettchen hatte sie kaum Ahnung. Sie erzählte uns, dass die Welpen eigentlich für einen Zoohandel in Polen bestimmt waren. Als sie die Tiere dort hinbrachte und die Haltungsbedingungen sah, hat sie sie wieder mitgenommen.

Die Welpen waren für ihr Alter (das genaue Geburtsdatum konnte die Züchterin nicht nennen ...) normal entwickelt. Das Fell war sehr rau und drahtig und auch staubig. Die Zähne zeigten schon in diesem jungen Alter Verfärbungen. Der Rüde hatte eine extrem trockene Nase. Die Welpen waren jedoch munter und lieb.

Der Vaterrüde war ein Vollangora. Das Fell war in einem bedauernswerten Zustand. Wir wiesen die Besitzerin darauf hin, dass sie das Fell regelmäßig bürsten muss, um Verfilzungen zu verhindern.

Eigentlich hätten wir den Rüden am liebsten auch mitgenommen, aber die junge Frau wollte sich um nichts auf der

Welt von den Elterntieren trennen. Wir konnten nichts weiter tun, als ihr die Haltungsbedingungen noch mal zu erläutern und ihr das Versprechen abzunehmen, beide Elterntiere kastrieren zu lassen.

Zu Hause angekommen wurden die Welpen sofort auf hochwertiges Futter umgestellt. Dann würde sich auch die Fellqualität bald verbessern. Der Rüde mäkelte den ersten Tag etwas, aber dann nahm auch er das Futter an.

Am nächsten Morgen dann ein Riesenschreck. Da war etwas Seltsames im Katzenklo. Erst dachte ich, es seien Würmer, doch ich konnte es nicht genau erkennen und nahm den Kot genauer unter die Lupe. Da stellte sich dann heraus, dass es sich um ein etwa einen halben Zentimeter dickes und fingerlanges Gummiband handelte! Ich wusste nicht, wer von den dreien es ausgekackt hatte, ich fand später nichts dergleichen mehr im Klo. Ich konnte mit Sicherheit sagen, dass die Tiere das nicht bei mir gefressen haben konnten. Also war es bei der Vorbesitzerin passiert. Es war mir unbegreiflich, wie unvorsichtig und verantwortungslos manche Leute waren. Das hätte böse ausgehen und zum Darmverschluss führen können.

Ansonsten waren die Welpen ziemlich auf Zack und voll in der Rüpelphase. Morgens und abends durfte ich eine ordentliche Sauerei wegmachen. Und die drei kleinen Schweinchen hatten sich viel Mühe gegeben. Sämtliche Futter- und Wassernäpfe waren umgeworfen und die Klos ausgebuddelt. Das ergab eine Mischung aus Trockenfutter und Klumpstreu, beides schön mit Wasser versetzt. Und während ich dann mehrmals täglich schimpfend auf allen vieren diese Pampe wegräumte, machten sich die Monster einen Spaß daraus, mir dabei in die Füße zu zwicken.

Schon eine Woche später konnten wir die drei vermitteln.

Endlich ein Frettchenzimmer

Ende Oktober 2009 stand ein Umzug an und ein lang gehegter Traum sollte in Erfüllung gehen – die Frettchen bekamen ihr eigenes Zimmer. Es war schon erstaunlich, wie sich meine Haltung im Laufe der Jahre geändert hatte. Als absoluter Anfänger begann ich mit Käfighaltung, die bald in freie Wohnungshaltung überging. Doch als das Nonplusultra empfand ich immer ein Frettchenzimmer, das man absolut frettchensicher und völlig auf die Bedürfnisse der kleinen Monster abgestimmt einrichten könnte.

Das Frettchenzimmer war etwa fünfzehn Quadratmeter groß, was in etwa der Größe meines alten Wohnzimmers entsprach, in dem sich die Frettchen jederzeit frei bewegen konnten. Sie verschlechterten sich platzmäßig also keinesfalls. Das Zimmer wurde in Weiß und Schilfgrün gestrichen. Um Schäden am vorhandenen Laminat zu verhindern (Frettchen plempern ja gerne mal mit Wasser) wurde PVC darübergelegt. Selbstverständlich wurde der Käfig in das Frettchenzimmer gestellt, ebenso wie der den Tieren schon bekannte Kratzbaum, ihre Kiste mit Spielzeug, die Röhren und Schränke, um Fachbücher, Kuschelsachen, Näpfe, Futter, Leckerlis und Medikamente unterzubringen.

Erstaunlicherweise nahmen die Frettchen das Zimmer sofort und ohne Probleme an. Es gab kein Fauchen, kein Plustern und schon gar keine Flaschenbürsten. Wahrscheinlich, weil ihnen alle Dinge im Zimmer bekannt waren.

Kaum wurde allerdings auch nur eine Pfote über die Schwelle des Frettchenzimmers in den Rest der Wohnung getan, änderte sich das schlagartig. Aufgeplustert bis zum Gehtnichtmehr und mit peitschendem Flaschenbürstenschwanz wurde der Rest der Wohnung erkundet. Sobald sich irgendwer von uns Menschen auch nur einen Zentimeter bewegte, wurde sofort gefaucht, und die Frettchen stellten sich auf die Zehenspitzen oder ergriffen die Flucht.

Es dauerte einige Wochen, bis sich die Tiere an die neue Umgebung gewöhnt hatten. Lilly gewöhnte sich am schnellsten ein, Sammy war noch lange Zeit sehr schreckhaft.

Ein Frettchenzimmer bedeutete natürlich nicht, dass die Tiere sich nur dort aufhielten. Sobald jemand zu Hause war, durften sie auch im Wohnzimmer laufen, und natürlich stellten wir auch dort

Klos und Schlafplätze auf. Es hat allerdings ein dreiviertel Jahr gedauert, bis die Frettchen außerhalb ihres Zimmers geschlafen haben. Obwohl die Schlafplätze im Wohnzimmer aus ihnen bekannten Zelten, Kennels und Ähnlichem bestanden, zogen sie es vor, im Käfig zu schlafen. Umso mehr freute es mich zu sehen, dass sie nach und nach auch mal im Wohnzimmer ein Nickerchen hielten.

Obwohl den Frettchen nun mit Frettchenzimmer und Wohnzimmer eine mehr als doppelt so große Fläche zur Verfügung stand wie in meiner alten Wohnung, brauchten wir nur noch zwei Drittel der bisher benötigten Katzenklos. Eine Tatsache, deren Logik ich bis heute nicht verstehe.

Schon bald musste ich feststellen, dass jede Haltungsform ihre Vor- und Nachteile hat. So auch ein Frettchenzimmer. Früher waren die Tiere ständig um einen herum, was manchmal recht nervig war, mir jetzt aber sehr fehlte. Ich hatte das Gefühl, nicht mehr nah genug bei ihnen zu sein. Dass man sie nicht ständig im Blick hatte, hatte einen ganz entscheidenden Nachteil. Früher stand der Käfig neben der Couch. Ich konnte somit genau sehen, wer wann wie viel fraß und trank. Diese Kontrolle war jetzt nicht mehr möglich. Ich konnte nur sehen, ob gefressen wurde und wie viel, aber ich konnte nicht zuordnen, ob alle Frettchen ausreichend Futter zu sich nahmen. Krankheiten deuteten sich oft an, indem die Tiere schlechter fraßen und somit auch abnahmen. Bis man das am Gewicht feststellte, dauerte es aber länger, als wenn man die tägliche Futteraufnahme kontrollierte.

Auch eine andere Tatsache versetzte mich anfangs in Sorge, bis ich des Rätsels Lösung fand. Es fiel mir schnell auf, dass die Frettchen sehr viel schliefen. Viel mehr als sonst. Anfangs sagte ich mir, dass es mit der neuen ungewohnten Umgebung zu tun hatte, später machte ich mir Sorgen, ob die Tiere vielleicht krank waren. Doch es war nichts von alledem. Ich glaube, die Erklärung war eine ganz andere. Der Umzug in die neue Wohnung fand in der dunklen Jahreszeit statt, es wurde spät hell und früh dunkel. Im Frettchenzimmer machten wir eigentlich nur Licht, wenn wir selber dort waren. Wenn nur die Tiere im Zimmer waren, auch wenn die Tür offen stand, blieb das Licht aus. Damit waren die Frettchen dem tatsächlichen jahreszeitlichen Lichtrhythmus näher als früher, wo sie ständig im beleuchteten Wohnzimmer waren und durch das künstliche Licht den Jahreszeitenwechsel nicht so stark wahrnahmen. Außerdem lag die Temperatur im Frettchenzimmer im Winter bei circa sechzehn Grad. Also auch ein Unterschied zu den knapp zwanzig Grad im Wohnzimmer. Gerade was die Temperatur im Frettchenzimmer anbelangt, hatte es mich große Überwindung gekostet, dies durchzuziehen. Ich persönlich bin eine echte Frostbeule, ich friere schnell. Und ich neige dazu zu glauben, wenn ich friere, dann frieren alle anderen auch. Dem ist natürlich nicht so.

Ich ging davon aus, dass das fehlende künstliche Licht und die kühleren Temperaturen dazu führten, dass die Tiere im Herbst/Winter einfach etwas weniger aktiv waren. Daran wollte ich aber auch nichts ändern, denn es ist ein natürliches Verhalten.

Rückzug aus der aktiven Frettchenhilfe

Jeder, der aktiv im Tierschutz arbeitet, weiß, dass es ein harter Job ist. Man muss sich nicht nur mit dem Elend und der Not der Tiere auseinandersetzen, sondern leider manchmal auch mit der Undankbarkeit und Missgunst der Menschen.

Anfangs überwog bei mir der Wunsch, Tieren in Not zu helfen. Ich war voller Tatendrang und sicher, die Welt ein bisschen besser machen zu können. Schnell stellte ich fest, dass Tierschutz viel Arbeit macht, doch das schreckte mich nicht. Die Frettchen, die nun eine glücklichere Zukunft vor sich hatten, waren es wert. Doch bald gab es erste Rückschläge, und ich musste damit leben, dass ich nicht alle Frettchen retten konnte. Ich musste einsehen, dass manche Leute gar kein Interesse daran hatten, ihre Haltung zu verbessern, manchmal das Gesetz nicht auf meiner Seite war oder ich mich einem gelangweilten und arbeitsscheuen Amtstierarzt gegenübersah, der keine Lust hatte, sich wirklich mit meinem Anliegen zu beschäftigen.

Ich musste auch feststellen, dass zwar viele Leute es toll fanden, wie ich mich engagierte, aber ganz schnell in Deckung gingen, wenn man sie um Hilfe bat. Ich konnte mit ein oder zwei Mitstreitern nicht ganz Meck-Pomm abdecken, das war unmöglich, auch wenn es hier zum Glück nicht so viele Abgabetiere gab. Im Gegenzug gab es auch wenige Leute, die sich für Frettchen interessierten. Waren Abgabetiere da, die ein neues Zuhause suchten, gab es keine Interessenten. Meldeten sich Leute, die Frettchen suchten, waren gerade keine Abgabetiere da. Mal abgesehen davon, dass der überwiegende Teil der Interessenten gar nicht infrage kam. Das lag aber ganz sicher nicht daran, dass ich zu hohe Ansprüche stellte. Aber wenn sich jemand für Frettchen oder auch andere Tiere interessiert, dann gehe ich davon aus, dass sich dieser Jemand auch vorher mit dem Thema auseinandergesetzt und sich überlegt hat, ob er dem gewünschten Haustier alles bieten kann, was es braucht. Aber nein, gut zwei Drittel der Anfragen konnte man in die Tonne kloppen. Man wurde mit den tollsten Sachen konfrontiert: „Natürlich haben wir uns über Frettchen informiert. Mein Freund ist Tierpfleger. Wir möchten aber trotzdem erst mal nur eins, damit es besser zahm wird und wir es erziehen können."

„Ich hab grad keine Freundin, und damit mir nicht so langweilig ist, wollte ich mir ein Frettchen holen." … „Vorkontrolle, mmh tja, also meine Eltern haben es nicht so gerne, wenn Fremde ins Haus kommen. Kann ich eventuell auch Fotos vom Käfig schicken?" … „Ich hab mir ein Frettchen über Tierversand schicken lassen, und das beißt jetzt. Und der Impfausweis war auch nicht dabei." … Manchmal blieb einem da echt der Mund offen stehen.

Es gab auch Fälle, in denen sich die Leute informiert und auch schon Frettchenerfahrung hatten, die ich aber trotzdem abgelehnt habe. Anfangs war es mir unangenehm, das Finanzielle anzusprechen. Doch Frettchen brauchen nicht nur Futter und Impfungen, der Besitzer muss auch in der Lage sein, sonstige tierärztliche Behandlungen abdecken zu können. Wie teuer das werden kann, weiß ich aus Erfahrung. Wenn mir dann voller Stolz erklärt wird, dass nach Abzug aller Fixkosten im Monat noch 140 Euro überbleiben, um damit zwei Personen und zwei schon vorhandene Frettchen zu versorgen, dann kann ich eine Vermittlung weiterer Tiere dorthin nur ablehnen.

Ich bin auch nur ein Mensch, und manchmal wurde auch mir alles zu viel – Vollzeitjob, die eigenen Tiere, von denen ja auch mal welche krank werden, Anfragen beantworten, anderen Frettchenhaltern bei Problemen zur Seite stehen und dann als i-Tüpfelchen vielleicht noch bissige Pflegetiere. Da wäre eine Schulter zum Ausheulen ab und an mal ganz hilfreich. Wenn dann aber derjenige, bei dem ich mir ein offenes Ohr erhoffte, mich mit dem Satz abschmetterte: „Das hast du doch von Anfang an gewusst, worauf du dich einlässt", dann hätte ich so manches Mal alles hinschmeißen können. Irgendwann fing ich mich aber wieder, die Pflegetiere waren gut untergebracht, die eigenen Tiere wieder gesund, und ich sah wieder Land. Trotzdem schon schade, wenn man nicht mal moralische Unterstützung bekam.

Auch sonst konnte es unter Frettchenbesitzern sehr ruppig zugehen. Das Internet war ein sehr beliebter Ort dafür. Ich konnte viele Jahre lang die Szene beobachten. Ich sah, wie die einzelnen Frettchenhilfen sich untereinander das Leben schwer machten. Ich habe miterlebt, wie Leute im Alleingang oder zu zweit voller Enthusiasmus eine Frettchenhilfe aufbauten, um dann innerhalb kürzester Zeit in einer Flut von Abgabetieren unterzugehen, ganz einfach weil sie keine Mitstreiter fanden. Ich erlebte mehrfach in diversen Foren, wie Leute gemobbt und verunglimpft wurden.

Ich dachte früher, so was passiert mir bestimmt nicht. Ich war nicht der Typ Mensch, der Streit suchte und andere öffentlich an den Pranger stellte, und ich mischte mich in der Regel nicht in Dinge ein, von denen ich die Hintergründe nicht kannte. Doch auch ich lernte die Schattenseiten kennen.

Es fing mit kleineren Dingen an. Zum Beispiel wurde ich im Forum gebeten, Neulingen gegenüber etwas netter zu sein, weil ich sie ja sonst vergraulen würde. Bitte nicht falsch verstehen, ich war nett und freundlich, ich erzählte zigmal, ohne zu murren, dasselbe und hatte Verständnis für Anfänger. Aber wenn da ein junges Mädel, das noch keine zwanzig war, ins Forum kam und nach einer Tierarztempfehlung fragte, weil sie zwar „kleinere Eingriffe selbst vornimmt, sich aber nicht zutraut, eine Kastration selber zu machen", dann redete ich schon mal Klartext! Und ich redete ebenso Tacheles, wenn sich eine Frettchenhalterin nach dem Tod eines ihrer beiden Frettchen selbst nach einem halben Jahr noch nicht einig war, ob sie sich nun wieder ein zweites Tier holen oder das vorhandene Tier abgeben wollte. Doch auch das kam nicht bei allen gut an.

Irgendwann gipfelte es aber darin, dass Leute hinter meinem Rücken eine Pflegestelle gegen mich aufhetzten. Und das nur, weil ich ihnen keine Tiere vermitteln wollte. Schlussendlich bekamen die Leute die Tiere, denn die Pflegestelle hatte bei der Vermittlung immer ein Wort mitzureden und ließ sich auf die Seite dieser Leute ziehen.

Dieser Vorfall hatte mir sehr zu schaffen gemacht, denn alle Beteiligten kannte ich persönlich und nicht nur über das Forum. Ich wusste nicht, was schlimmer war. Dass ich diese Leute so falsch eingeschätzt hatte oder dass die Pflegestelle, die die Interessenten im Gegensatz zu mir bis dato noch nicht persönlich kannte, sich etwas über mich einreden ließ.

Es tröstete mich auch nicht, dass die Frettchen, um die es hier ging, gute zwei Jahre später von den Leuten, die sie doch so unbedingt haben wollten, wieder abgegeben wurden. Natürlich wurde ich darüber nicht informiert, sondern erfuhr nur zufällig davon.

Einige Monate nach diesem Vorfall sind wir umgezogen. Nicht nur in eine andere Stadt, sondern auch in ein anderes Bundesland. Eine Zeit lang hatte ich null Bock auf ehrenamtliche Tierschutzarbeit, was nicht nur daran lag, dass ich mich in der neuen Heimat erst einleben musste, sondern auch weil mir der Vorfall immer noch in den Knochen steckte und ich so etwas nicht noch einmal mitmachen wollte. Doch ich hatte einige Jahre viel Zeit und Kraft und vor allem Herzblut investiert und wollte das alles daher nicht aufgeben. Also versuchte ich, aus der Ferne meine ehrenamtliche Frettchenhilfetätigkeit in Meck-Pomm fortzuführen, aber das war auf diese große Entfernung nicht möglich. Es kostete mich viel Überwindung und tat mir unendlich leid, aber 2010 zog ich mich nach und nach aus der aktiven Frettchenhilfe zurück.

Tinys Odyssee

Tiny war inzwischen 4,5 Jahre alt. Obwohl sie aus ganz schlechter Haltung stammte und als Welpe völlig unterernährt und mit starkem Wurmbefall zu mir kam, war sie seither nie wirklich krank gewesen. Bis Mitte Dezember 2009.

Tiny hatte in kurzer Zeit, wir wiegen die Frettchen ja alle zwei Wochen, fünfzig Gramm abgenommen. Ich hatte sie in den letzten Tagen auch nicht fressen sehen, wieder einer der Nachteile des Frettchenzimmers. Durchfall hatte keines der Frettchen. Tiny tobte auch, sie war nur etwas ruhiger als sonst. Wenn ich genauer darüber nachdachte, fiel mir aber ein, dass sie in letzter Zeit sehr oft zitterte. Viel mehr als normal und nicht nur nach dem Aufstehen. Außerdem plusterte sie sich oft auf.

Wir waren noch gar nicht richtig im neuen Zuhause angekommen, da mussten wir uns bereits nach einem Tierarzt umschauen, der Frettchenerfahrung hatte. Meinem ehemaligen Tierarzt konnte ich vertrauen, und das war für mich sehr wichtig. Ich wusste, dass meine Tiere dort in guten Händen waren und dass sich gekümmert wurde. Mit das Schlimmste am Umzug war, dass ich von meinem Tierarzt wegmusste. Es ist nicht einfach, einen Tierarzt zu finden, der sich mit Frettchen auskennt, beziehungsweise jemanden, der sich noch nicht auskennt, aber bereit ist, sich zu informieren. Ich erwarte keine Wunder von einem Tierarzt, ich weiß, dass die Medizin ihre Grenzen hat, das musste ich schon mehrfach erfahren. Doch ich erwarte von einem guten Tierarzt, dass er sich kümmert. Würde ich wieder so jemanden finden? Das war meine große Sorge.

Ich fragte etwas herum, und uns wurde jemand empfohlen, den wir dann auch aufsuchten. Dort wurde festgestellt, dass Tiny Fieber hatte und ausgetrocknet war! Ich machte mir sofort Vorwürfe, warum mir das nicht aufgefallen war. Eigentlich beobachtete ich meine Tiere gut und selbst kleine Änderungen fielen mir schnell auf. War ich durch den Umzugsstress so abgelenkt gewesen, dass mir nicht einmal auffiel, dass einer meiner Lieblinge Fieber hatte? Tiny bekam ein Antibiotikum und in zwei, drei Tagen sollten wir zur Kontrolle kommen.

Das Fieber war dann auch weg, aber Tiny zitterte immer noch unnatürlich viel und plusterte sich auf. Nach wie vor sah ich sie in den letzten Tagen nicht am Futter. Wir boten ihr mehrmals täglich Babybrei an, den sie auch gerne nahm. Dadurch hatte sie auch wieder etwas zugenommen.

Das Antibiotikum sollten wir noch ein paar Tage geben, ansonsten war die Sache für den Tierarzt erledigt. Bei Sorgen sollten wir wieder vorsprechen.

Bis Ende Dezember war Fieber nicht wieder aufgetreten, aber ansonsten gefiel mir Tiny immer noch nicht. Sie war nicht so aktiv wie Lilly und Sam und zeigte immer noch extremes Zittern. Teilweise hatte ich das Gefühl, sie hätte Schüttelfrost, so schlimm war es. Tiny ging es wirklich nicht gut. Also gingen wir wieder zum Tierarzt. Dort wurde sie geröntgt. Das Bild zeigte keinen Grund zur Sorge – das Herz war okay, die Lunge frei, es gab keinen Hinweis auf Tumore. Um dem Grund für ihren schlechten Zustand auf die Spur zu kommen, musste ihr Blut abgenommen werden. Die nächste viertel Stunde war der absolute Horror, nicht nur für Tiny, sondern auch für mich. Einerseits war Tiny nicht sehr kooperativ, sie wehrte sich nach Kräften und kämpfte, als ginge es um ihr Leben. Andererseits wirkte die Tierärztin, die sich nach eigener Angabe gut mit Frettchen auskennen sollte, ziemlich hilflos, teils auch ängstlich. An allen vier Pfoten suchte sie vergeblich nach einer guten Vene. Schlussendlich konnte sie Tiny ein paar wenige Tropfen Blut abringen. Mit dieser geringen Ausbeute konnte nur ein grobes Blutbild angefertigt werden. Der Blutzucker war okay, die Leberwerte konnten nicht bestimmt werden, da zu wenig Material vorhanden war. Es konnte nur ein Nierenwert bestimmt werden, und der war leicht erhöht. Die Tierärztin ging von einem entzündlichen Prozess aus und spritzte einen Entzündungshemmer und Mineralstoffe.

Über den Jahreswechsel hatte Tiny trotz des Zufütterns von Babybrei morgens und abends wieder abgenommen. Das ständige Zittern hörte einfach nicht auf, sie plusterte nach wie vor das Fell auf, schlief sehr viel und hatte tränende Augen. Inzwischen sah sie aus wie ein Häufchen Elend. Wir fuhren wieder zum Tierarzt, und ich wollte endlich wissen, was meiner kleinen Maus nun fehlte.

Es wurde wieder Blut abgenommen, diesmal auch ausreichend. Leberwerte, Blutzucker und Elektrolyte waren okay. Die Hormonwerte konnten nicht vor Ort bestimmt werden und wurden daher an ein auswärtiges Labor geschickt. Das Ergebnis würde erst in einigen Tagen vorliegen. Dafür waren diesmal die Nierenwerte deutlich erhöht. Laut Tierärztin war die Ursache dafür unklar. Auf meine Nachfrage deutete es aber nach ihrer Aussage eher auf akutes als auf chronisches Nierenversagen hin. Tiny bekam Flüssigkeit unter die Haut gespritzt und wieder ein Antibiotikum, was wir auch weiterhin geben sollten.

Da ich noch nie mit akutem Nierenversagen zu tun hatte, informierte ich mich zu Hause sofort im Internet darüber. Im Gegensatz zu chronischem Nierenversagen, was schleichend verläuft, laut Literatur schmerzfrei ist und erst festgestellt werden kann, wenn bereits fünfundsiebzig Prozent der Nieren bereits zerstört sind, ist akutes Nierenversagen nach dem, was ich finden konnte, hoch schmerzhaft! Ich war zutiefst entsetzt. Aber eigentlich zeigte Tiny eher Symptome von chronischem Nierenversagen, was mich sehr verunsicherte. Ich las mir Peppers Krankenakte durch, wo ich ja alles genau aufgeschrieben hatte. Es gab viele Parallelen – Tiny hatte Gewicht verloren, schlief viel, hatte tränende Augen und eben die schlechten Blutwerte. Außerdem fiel mir nun auch ein leichter Uringeruch bei ihr auf.

Tiny wurde nun zwei Mal täglich gewogen, um ihr Gewicht besser im Blick zu haben. Sie nahm weiterhin ab und wog nun schon unter sechshundert Gramm, was selbst für eine so kleine zierliche Fähe wie Tiny zu wenig war. Babybrei und Leckerlis nahm sie bereitwillig, aber offenbar fraß sie noch immer nicht selbstständig. Wie gehabt, zeigte sie immer noch extremes Zittern und schlief sehr viel, hatte aber kein Fieber.

Wir stellten sie wieder beim Tierarzt vor. Dort erfolgte schon wieder ein Blutbild, was ich langsam nicht mehr verstehen konnte. Die Leberwerte und Elektrolyte waren nach wie vor in Ordnung. Die Nierenwerte waren weiter angestiegen.

Die Tierärztin äußerte nun den Verdacht auf Addison, eine Nebennierenunterfunktion, obwohl Tiny nicht alle Symptome zeigte. Dafür sprach aber das extreme Zittern, die Gewichtsabnahme und dass sich in den letzten drei Blutbildern das Verhältnis Natrium zu Kalium verschoben hatte (Natrium war gesunken, Kalium gestiegen). Die Nebennieren produzierten also nicht genug Cortison. Probeweise wurde Tiny ein Cortison-Depot gespritzt. Damit müsste es ihr schon morgen deutlich besser gehen.

Das Antibiotikum sollten wir weiter geben, da laut Tierärztin der Anstieg der Nierenwerte weiter für akutes Nierenversagen sprach und somit für einen entzündlichen Prozess. Ich teilte ihr meine

Bedenken mit und erklärte, dass es viele Gemeinsamkeiten zu Peppers damaligem chronischem Nierenversagen gab und ob es nicht hilfreich sei, einen ACE-Hemmer einzusetzen. Nein, sie teilte meine Auffassung nicht und war weiterhin fest davon überzeugt, dass es sich bei Tiny um akutes Nierenversagen handelte, und da wären ACE-Hemmer nicht angezeigt.

Tiny bekam wieder eine Infusion. Da nun auch die Tierärztin Tinys schlechten Zustand sah und auch bemerkte, dass ich endlich eine handfeste Diagnose und damit eine Therapiemöglichkeit erwartete, wollte sie die Kleine gerne stationär aufnehmen, um sie an einen 24-Stunden-Dauertropf zu legen. Ein noch halbwegs agiles Frettchen am Dauertropf? Vor meinem geistigen Auge spielten sich sofort Horrorszenarien ab, wo sich Tiny den Zugang aus der Pfote zog und alles blutverschmiert war oder sie sich mit dem Schlauch strangulierte. Nein, das kam nicht infrage. Alternativ sollten wir die nächsten vier Tage täglich zur Flüssigkeitsgabe unter die Haut in der Tierklinik erscheinen. Das sagten wir zu.

Die Flüssigkeitsgabe unter die Haut hatte gut geholfen, Tiny hatte gewichtsmäßig wieder gut zugelegt, wir gaben ihr aber auch zu Hause mehrmals täglich weiterhin Babybrei, den wir nun auch mit einer Elektrolytlösung verdünnten. Von einem deutlich besseren Befinden konnte aber keine Rede sein. Tiny plusterte sich zwar nicht mehr so, zitterte aber immer noch so viel.

Da sich der Verdacht auf Addison nicht bestätigt hatte und ich inzwischen, im Gegensatz zur Tierärztin, eindeutig von chronischem Nierenversagen ausging, hatte ich begonnen, Tiny täglich ein homöopathisches Mittel zu geben, was bei chronischer Niereninsuffizienz half. Die Tierärztin gab dazu nur die Antwort, dass sie nicht mit homöopathischen Mittel arbeite.

Beim Tierarzt wurde ein Ultraschall gemacht. Die Nebennieren waren unverändert, aber die Nieren wiesen leichte Veränderungen auf. Somit konnte Addison eindeutig ausgeschlossen werden und die Diagnose Nierenversagen stand nun auch für die Tierärztin endlich fest. Zu meiner großen Enttäuschung erhielt ich die Information, dass man Tiny nicht weiterhelfen könne, als weiterhin Flüssigkeit unter die Haut zu geben, denn mit homöopathischen Mitteln arbeiteten sie ja nicht ... Wir sollten abwarten, ob sich die Werte durch die Infusionen besserten.

Mitte Januar ging es Tiny schlechter, sie war kaum aktiv, und sie verlor wieder an Gewicht. Beim Tierarzt wurde festgestellt, dass die

Lymphknoten unter dem Kiefer leicht geschwollen waren, sie hatte aber kein Fieber. Es erfolgte wieder eine Blutuntersuchung, gegen die ich jedoch Protest einlegte, da ich keinen Sinn mehr darin sah. Die Tierärztin meinte jedoch, es sei unbedingt nötig, die Werte noch einmal zu bestimmen. Die Nierenwerte waren weiter angestiegen. Laut Tierärztin war die Prognose „ungünstig". Sie wollte Tiny stationär aufnehmen, da ein Dauertropf bei Nierenversagen das Mittel der Wahl war. Das lehnten wir wieder ab. Einmal aus den schon vormals angesprochenen Gründen und zum anderen, weil der psychische Stress (fremde Umgebung, Trennung von uns und den anderen Frettchen) für Tiny viel zu groß gewesen wäre.

Daher bekam Tiny noch mal eine Flüssigkeitsgabe unter die Haut, die in zwei Tagen wiederholt werden sollte. Die Tierärztin gab uns mit auf den Weg, dass wir Tiny gehen lassen sollten, wenn es nicht mehr ging. Bis zum Auto konnte ich mich zusammenreißen, dann ging nichts mehr, und ich habe geheult wie ein Schlosshund. Ich fühlte mich so hilflos und auch irgendwie vom Tierarzt im Stich gelassen. Tiny ging es so schlecht und wir konnten nichts tun und mussten tatenlos zusehen. Wenn man der Kleinen in die Augen sah, dann konnte man erkennen, wie schlecht es um sie stand, aber mein Herz sagte mir dann jedes Mal, dass ihre Zeit noch nicht gekommen war. Ich kämpfte dann immer einen schweren Kampf. War es fair, weiter um sie zu kämpfen, oder war es nur egoistisch und nicht mehr in ihrem Sinne? Konnte ich mich wirklich in dieser Situation noch auf mein Bauchgefühl verlassen, was eindeutig sagte, sie hatte es verdient, dass wir alles versuchten und weiterkämpften? Oder wollte ich es einfach nicht akzeptieren, dass wir nicht mehr tun konnten?

Nach langen quälenden Stunden, die ich ständig an Tinys Seite verbrachte, hatte ich beschlossen, sie nicht aufzugeben und mir anderweitig Hilfe zu holen. Bei Pepper hatten homöopathische Mittel so gut angeschlagen, da wäre es auch bei Tiny einen Versuch wert. Sie bekam zwar von mir schon ein Mittel, aber vielleicht war es nicht das richtige für sie.

Wir gaben ihr nun rund um die Uhr alle drei Stunden Flüssigkeit. Da Tiny schon so schwach war, gaben wir ihr die Flüssigkeit mit einer Spritze ins Mäulchen und mussten darauf achten, dass sie sich nicht verschluckte. Wir wechselten uns dabei ab, sodass wir nachts zumindest sechs Stunden am Stück schlafen konnten.

Dank der Rund-um-die-Uhr-Fütterung war das Gewicht wieder etwas gestiegen. Wir schnappten uns Tiny und sämtliche Unterlagen und holten uns bei einer anderen Tierärztin eine zweite Meinung. Sie wollte noch ein Lymphom ausschließen und nahm ein Punktat von einem der geschwollenen Lymphknoten. Auch diese Tierärztin arbeitete nicht mit homöopathischen Mitteln.

Das Ergebnis vom Punktat war ohne Befund. Es wurde nichts Auffälliges gefunden. Das bestätigte wieder die Diagnose Nierenversagen. Auch hier wurde uns wieder nahegelegt, Tiny einzuschläfern, wenn sich ihr Zustand nicht besserte. Einen Therapievorschlag konnte auch diese Tierärztin nicht machen, außer Infusionen alle zwei Tage.

Ich nahm nun Kontakt mit einer Tierheilpraktikerin auf. Sie hatte mit Frettchen keine Erfahrungen, wollte aber trotzdem helfen. Ich schilderte ihr telefonisch den ganzen Sachverhalt, was alles untersucht wurde, wie die Ergebnisse waren und dass zwei Tierärzte Tiny aufgegeben hatten und sie einschläfern wollten.

Da es so schlimm um Tiny stand, sie aber erst in einer knappen Woche einen Termin für eine Untersuchung frei hatte, verschrieb die Tierheilpraktikerin telefonisch vorab schon ein Mittel, welches Tiny täglich zusätzlich zu dem bekommen sollte, was ich ihr ohnehin schon gab. Bei Sorgen sollte ich mich sofort wieder melden.

Zusätzlich zu den beiden homöopathischen Mitteln gaben wir jetzt zwei Mal täglich einen Phosphatbinder.

Nach 2 Tagen war Tiny wieder etwas munterer und hatte etwas mehr Spannung im Körper. Obwohl sie noch nicht über den Berg war, ging es ihr doch so viel besser, dass wir keinen Gedanken mehr an eine eventuelle Einschläferung verschwenden mussten.

Da sich ihr Zustand gebessert hatte und wir selber am Ende unserer Kräfte waren, bekam sie nun bloß noch alle vier bis sechs Stunden zusätzlich Flüssigkeit verabreicht.

Ich war der festen Überzeugung, dass neben der regelmäßigen dreistündigen Flüssigkeitsgabe das homöopathische Mittel, welches uns die Tierheilpraktikerin genannt hatte, einen großen Anteil an der Besserung von Tinys Zustand hatte. Ich war froh, dass wir nicht auf die Tierärzte gehört hatten und um unsere kleine Maus gekämpft haben.

Ein paar Tage später hatten wir einen Termin bei der Tierheilpraktikerin. Tiny hielt weiter ihr Gewicht und war schon wieder sehr aktiv. Neugierig drehte sie eine Runde durch das Behandlungszimmer und untersuchte alles ganz genau. Die Tierheilpraktikerin wollte eine Bioresonanztherapie bei Tiny vornehmen. Sie erklärte uns, was sie tun wollte. Es hörte sich etwas befremdlich an, doch die Untersuchung wäre für Tiny völlig stressfrei, und außerdem wusste ich bereits von Pepper, dass Homöopathie helfen kann, und ich hatte dies ja nun auch bei Tiny wieder sehen können.

Es wurden zwei Metallplatten in den Kennel unter die Decke gelegt und an ein Gerät angeschlossen, an dem die Tierheilpraktikerin bestimmte Programme ablaufen ließ, um Tinys Schwingungen zu messen. Diese machte es sich während der Untersuchung in ihrer Decke im Kennel gemütlich und schlief ein. Nach einer knappen halben Stunde war die Untersuchung vorbei. Die Tierheilpraktikerin stellte noch ein paar Fragen zu Tinys Leben, ihren Vorlieben und Ängsten und stellte dann die Mittel zusammen. In zwei Wochen sollten wir berichten, wie es Tiny geht.

Ende Januar waren wir wieder für eine Infusion beim Tierarzt, da man diese nicht abrupt absetzen sollte, sondern langsam ausschleichen lässt.

Dort war man von Tinys besserem Befinden sichtlich überrascht. Unsere Erklärung, dass wir bei einer Tierheilpraktikerin waren, wurde nicht kommentiert. Aber die Tierärztin wollte unbedingt ein weiteres Blutbild machen. Ich lehnte dies wieder ab, diesmal sehr strikt und konnte mich auch behaupten. Außerdem hinterfragte ich den Sinn eines weiteren Blutbildes, da ja nach Aussage der Tierärztin alle Behandlungsmöglichkeiten bereits ausgeschöpft waren.

An diesem Tag bekam ich von der Tierärztin endlich eine Erklärung, warum Tiny ständig zitterte. Die Nieren waren zuständig für die Temperaturregulierung im Körper. Nierenkranke Tiere hatten meist Untertemperatur und froren dann leicht. Als Konsequenz daraus wurde im Frettchenzimmer die Heizung höher gestellt.

In den nächsten Wochen und Monaten ging es Tiny prima, und man merkte ihr überhaupt nicht an, wie krank sie war. Sie tobte mit den anderen und war putzmunter. Sie nahm brav ihre Mittel, nur beim Fressen war sie sehr mäkelig geworden, sodass wir ihr Gewicht weiter gut im Auge behalten mussten und hin und wieder per Hand zufütterten. Mit der Tierheilpraktikerin standen wir in ständigem Kontakt und änderten hin und wieder die Mittel oder Dosierungen. Ende Juni konnte Tiny eines ihrer Hinterbeine nicht richtig bewegen. Sie rutschte oft weg und taumelte. Außerdem schlief sie seit ein paar Tagen wieder sehr viel und hatte schlechtes Fell bekommen. Der Tierarzt stellte fest, dass das Bein nicht gebrochen war. Um die Nieren nicht zu belasten, wurde entschieden, dass Tiny vorerst keine Medikamente bekommen sollte und wir sie weiter beobachten.

Am nächsten Tag hatte sich Tinys Zustand extrem verschlechtert, sie verweigerte das Futter, sabberte stark, wirkte abwesend, verdrehte den Kopf und die Wirbelsäule. Sie konnte kaum noch laufen und wenn, dann wie stark betrunken. Auch aufs Klo konnte sie nicht mehr alleine.

Ich musste plötzlich an Pepper denken. Tief im Innern ahnte ich, dass Tinys Nieren nun völlig den Dienst versagten. Ich sah sie an und wusste, dass es Zeit war, Abschied zu nehmen von meinem sanftmütigen lustigen kleinen Mädchen.

Der Tierarzt bestätigte mein Bauchgefühl. Tiny hatte neurologische Ausfälle, die Nierenwerte waren 6-fach erhöht. Ihr zentrales Nervensystem war bereits geschädigt.

Tiny bekam von der ganzen Untersuchung nichts mit, war immer noch total abwesend. Aber ich glaube, sie wusste, dass wir bei ihr waren. Meine kleine tapfere Maus war so geschwächt, dass sie bereits durch die Narkosespritze für immer einschlief.

Tiny
Juni 2005 – 30. Juni 2010

Du bist, was Du isst

Auch der zweite Teil meines Buches ist kein Fachbuch, sondern wieder nur ein Erlebnisbericht. Ich schreibe hier nur meine eigenen Erlebnisse und Erfahrungen nieder. Beim Thema Ernährung möchte ich jedoch auch meine ganz persönliche Meinung mit einfließen lassen.

Ernährung ist unter Frettchenhaltern ein sehr heikles und stark diskutiertes Thema. Fragt man x-verschiedene Leute, so bekommt man meist auch x-verschiedene Antworten. Ich persönlich finde es selbstverständlich, dass hochwertiges Futter gegeben wird. Der Mensch kann für sich selbst entscheiden, ob er Fast Food essen will oder nicht, die Tiere können nicht wählen, was in ihren Napf kommt, und sind auf die Fürsorge der Halter angewiesen.

Der Großteil der Frettchenbesitzer, die industriell hergestelltes Futter verfüttern, ist der Meinung, dass Trockenfutter die Grundlage der Ernährung bilden sollte. Ich bin da anderer Meinung und stehe damit in der Regel meist allein auf weiter Flur. Trockenfutterfütterung ist einfacher und bequemer für den Halter, aber nicht unbedingt besser für die Tiere.

Die ausschließliche oder auch überwiegende Fütterung von Trockennahrung kann zu Nierenproblemen führen. Trockenfutter ist in der Regel kalorienreicher als Nassfutter, soll heißen, man muss eine geringere Menge Trockenfutter füttern, um die gleiche Kalorienanzahl zu verfüttern wie bei Nassfutter. Durchschnittlich enthalten 100 g Trockenfutter vier Mal so viel Kalorien wie 100 g Nassfutter! Im Umkehrschluss heißt das, man füttert entweder 100 g Nassfutter oder 25 g Trockenfutter, um das Tier satt zu bekommen.

Logischerweise ist der Magen bei Fütterung von 100 g Nassfutter voller als bei nur 25 g Trockenfutter. Das Tier hat zwar die gleiche Menge Kalorien zu sich genommen, hat aber beim Trockenfutter noch kein Sättigungsgefühl. Deshalb frisst es weiter, bis sich das Sättigungsgefühl einstellt, und nimmt somit deutlich mehr Kalorien zu sich, als es eigentlich benötigt.

Da Frettchen ja ständig Futter zur freien Verfügung haben müssen, ist die Gefahr des Überfressens natürlich höher. Andererseits sagt man, Frettchen setzen auch bei ständiger

Futterverfügbarkeit kein Fett an, wenn sie entsprechend viel Bewegung haben.

Wir selber hatten kein Problem mit Übergewicht bei unseren Tieren. Das lag aber sicher auch daran, dass sie neben Trockenfutter auch ständig Nassfutter zur freien Verfügung hatten und sie den ganzen Tag frei laufen und so ihren Bewegungsdrang ausleben konnten.

Schaut man sich die Ernährung und die Bedürfnisse der wild lebenden Verwandtschaft unserer Frettchen an und orientiert sich daran, würde man eigentlich nie auf die Idee kommen, Trockenfutter als Grundlage der Ernährung zu nehmen. Wildlebende Marder decken einen Teil ihres Flüssigkeitsbedarfs über ihre Beutetiere. Das ist bei Trockenfutter mit einem Feuchtigkeitsgehalt von ca. 10 % gar nicht möglich. Egal, wie hochwertig das Trockenfutter ist, es bleibt eben Trockenfutter. Diesen Nachteil kann man halbwegs ausgleichen, wenn man das Trockenfutter vor der Fütterung in etwas warmem Wasser einweicht. Es ist schon enorm, wie viel Flüssigkeit von den Kroketten aufgesaugt wird. Sie sind dann auch gut zwei- bis dreimal so groß wie vorher, was sich wiederum positiv auf das oben angesprochene Sättigungsgefühl auswirkt.

Nassfutter hingegen hat von Hause aus einen Feuchtigkeitsgehalt von ca. 80 %, was in etwa dem von Beutetieren entspricht. Somit haben wir uns dafür entschieden, Nassfutter als Hauptfutter zu geben.

Selbstredend sollte eine Nassfuttersorte ohne Zucker angeboten werden und mit möglichst hohem Fleischanteil. Ebenfalls ist darauf zu achten, dass nicht ausschließlich Fleisch enthalten ist, sondern auch Mineralstoffe, da eine ausschließliche Fütterung mit reinem Fleisch zu Mangelerscheinungen führen kann.

Will man seine Frettchen wirklich naturnah ernähren, kommt man an Fleisch nicht vorbei. Hier kann außer Schwein eigentlich alles gegeben werden. Bei ausschließlicher Fütterung von schierem (also knochenfreiem) Fleisch kann es aber zu Zahn- und Knochenproblemen kommen, wenn nicht zusätzlich Kalk- und Mineralstoffpräparate gegeben werden. Gibt man Fleisch mit Knochenanteil, darf dieser im Verhältnis zum Fleischanteil nicht zu hoch sein, denn das kann wieder zu Verstopfung führen. Alles gar nicht so einfach. Um eine Über- oder Unterversorgung zu vermeiden, füttern wir nicht täglich Fleisch.

Schaut man sich den wilden Iltis an, stellt man fest, dass der überwiegende Teil seiner Nahrung aus Nagern besteht. Bei der Fütterung ganzer Futtertiere sind also Mäuse, Ratten und Kaninchen artgerechter als Küken.

Ich habe mich im Sinne einer möglichst naturnahen Ernährung eine Zeit lang mit dem Thema Fütterung ganzer Futtertiere auseinandergesetzt. Ich habe es versucht, aber bald wieder aufgegeben. Zum einen, weil es für mich eine große Überwindung war, den Frettchen etwas vorzusetzen, was man noch eindeutig als Lebewesen mit weichem Fell und Knopfaugen erkannte. Zum anderen, weil ich mit der Art der Haltung und Zucht von Küken und Mäusen aus Tierschutzgründen nicht einverstanden bin. Ich möchte wirklich jedem, der ganze Futtertiere gibt, ans Herz legen, sich genauer zu informieren, ob die Tiere aus Deutschland kommen und wie sie gehalten werden.

Die Fütterung war ein Experiment, und ich muss sagen, die Frettchen waren sehr angetan davon. Es war von Frettchen zu Frettchen unterschiedlich, wie schnell das neue Futter akzeptiert wurde, und auch abhängig davon, was es gab. Küken wurden schneller akzeptiert als Mäuse. Wahrscheinlich, weil die Frettchen den Geschmack von Geflügel durch die regelmäßige Frischfleischfütterung schon kannten. Der Geschmack von Mäusefleisch hingegen war ihnen noch gänzlich unbekannt.

Wie immer, wenn ich ein neues Futter anbiete, gebe ich anfangs nur wenig davon, um den Futterneid der Tiere auszunutzen. Also gab es für drei Frettchen nur ein Küken bzw. zwei Mäuse. Selbst wenn sie es nicht fressen wollten, so wollte doch keiner dem anderen etwas gönnen, und so wurden die Futtertiere hin und her getragen, dem anderen aus dem Maul geklaut, und es wurde gezerrt und gefaucht. So langsam kamen alle auf den Geschmack. Tiny hatte keinerlei Berührungsängste und fraß die Futtertiere sofort. Lilly brauchte auch nicht lange. Nur Sammy war etwas langsam. Er verstand recht schnell, dass man Küken fressen konnte, aber dass das ebenfalls auf die kuschelweichen Mäuschen zutraf, begriff er nicht so schnell. Während sich Tiny und Lilly wild keifend um eine Maus stritten, bot ich Sammy ebenfalls eine an. Es war wirklich zum Totlachen. Ganz vorsichtig nahm er sie mit den Zähnen, reckte den Kopf, so weit es ging, nach oben (nicht dass die „Riesenmaus" noch auf dem Boden schleift) und trug sie vorsichtig in eine Käfigecke. Dort legte er sie ab und schubste mit der Nase so lange, bis die

Maus korrekt in der Ecke lag. Dann sah er mich fragend an. Während ich so vor mich hin grinste, überlegte ich, ob er die Maus mit einem seiner Spielzeugbälle verwechselte. Denn die drapierte er auch immer fein säuberlich in einer Käfigecke. Sammy machte jedenfalls lange Zeit keine Anstalten, die Maus zu fressen. Erst als er einmal eine halb aufgefressene Maus, die Tiny oder Lilly übrig gelassen hatten, fand, stellte er fest, dass es sich hierbei um etwas Fressbares handelte.

Die Frettchen haben halbwüchsige Mäuse (sogenannte Springer) und ausgewachsene Mäuse bekommen. Noch nackte Babymäuse zu verfüttern brachte ich nicht übers Herz. Es war erstaunlich, wie Tiny sich bei der Fütterung von Futtertieren benahm. Sie fraß nie zusammen mit Lilly aus dem Napf, sondern wartete immer, bis Lilly fertig war. Ganz anders bei Futtertieren. Da verwandelte sich meine kleine schüchterne Tiny in einen tasmanischen Teufel und schnappte Lilly die Mäuse sogar aus dem Maul weg. Regelmäßig balgten sich die Mädels um die Küken und Mäuse, und es ging entweder Tiny als Siegerin hervor oder es gab ein Unentschieden, weil beide so heftig zogen und zerrten, dass jede ein Stück ergatterte. Sammy machten bei solchen Spielchen in der Regel nicht mit.

Wenn sie gut Hunger hatten, schafften die Frettchen auf einen Schlag eine ganze Springermaus oder etwa eine halbe Ausgewachsene. Selbst die kleine Tiny hatte damit keine Probleme.

Bei der Fütterung von Mäusen konnte ich noch etwas sehr Interessantes beobachten, was wieder einmal zeigte, wie viel Wildtierinstinkt noch in den Frettchen steckt. Bevor sie anfingen zu fressen, bissen Tiny und Lilly der Maus jedes Mal mehrfach in den Kopf, sodass man die Knochen knacken hören konnte. Manchmal bissen sie auch in den Körper. Ich interpretierte das als Tötungsbiss. Erst danach fingen sie an zu fressen, wobei sie immer mit dem Kopf begannen. Bei Sammy konnte ich dieses Verhalten nicht so oft feststellen. Aber alle drei schüttelten die Beute beim Fressen immer mal wieder heftig. Für mich immer besonders lecker, durfte ich doch später die dabei herausgeschleuderten Gedärme von den Käfigwänden kratzen.

Urlaub mit Frettchen

Dieses Jahr hatten wir einen ganz besonderen Urlaub geplant. Wir haben die Frettchen mitgenommen! Eine Bekannte vermietet einen frettchensicheren Bungalow. Neben der Unterkunft für die Zweibeiner ist ein umzäunter und nach unten gesicherter Freilauf für die Frettchen vorhanden und ein Gehege.

Die knapp zweieinhalbstündige Anreise hatten die Frettchen in einem großen Kennel, der mit Hängematte, Klo und Nippeltränke ausgestattet war, verbracht. Dank Klimaanlage im Auto waren auch die circa 30 Grad Außentemperatur kein Problem.

Der Bungalow hatte circa 35 m² Wohnfläche und bot Dusche, separates WC und ein kombiniertes Wohn- und Schlafzimmer mit Küchenzeile. Selbstverständlich war alles so eingerichtet, dass die Frettchen sich nicht verletzen oder entweichen konnten. An den Bungalow schlossen sich eine überdachte Terrasse und eine umzäunte Grünfläche an. An einer Längsseite der Terrasse stand der Frettchenkäfig. Der Käfig konnte von der Terrasse aus geöffnet werden und er war durch eine Katzenklappe mit dem Bungalow verbunden. So hatten wir verschiedene Möglichkeiten, den kleinen Monstern Auslauf zu bieten: nur innen oder nur außen, indem die Katzenklappe zwischen Außengehege und Bungalow geschlossen blieb, oder eine Kombination aus beidem. Wir hatten uns für Letzteres entschieden. Wenn wir unterwegs waren, konnten die Frettchen im Käfig und Bungalow laufen. Und solange wir tagsüber zu Hause waren, wurde der Käfig auch von der Terrasse aus geöffnet, und sie konnten sich überall frei bewegen.

Die an die Terrasse angrenzende Grünfläche war ein wahres Frettchenspieleparadies. Es gab nicht nur an jeder Ecke etwas zu schnuppern, sondern auch eine extra tiefe Buddelkiste und ein unterirdisches Röhrensystem.

Und noch eine kleine Überraschung wartete auf uns. Unsere lieben Gastgeber hatten für uns Sekt und Pralinen bereitgestellt und für die Frettchen Leckerlis und Spielzeug.

Nach der Ankunft durften Lilly und Sam auch sofort auf Entdeckungsreise gehen. Und das haben sie auch ausgiebig genutzt. Sage und schreibe zweieinhalb Stunden lang haben die beiden alles inspiziert und ausführlich getestet. Hin und wieder gab es die eine oder andere Flaschenbürste, aber ansonsten hatten die beiden keine Probleme in der ungewohnten Umgebung.

Eine Katzenklappe kannten unsere beiden nicht, daher wussten wir nicht, wie sie damit zurechtkommen würden. Wir umgingen dieses Problem, indem wir die Klappe anfangs mit einem Kissen künstlich ständig offen hielten und die Frettchen somit immer freie Bahn hatten. Später, als sie diesen Weg verinnerlicht hatten, nahm ich das Kissen weg und lockte so lange mit Paste und Leckerchen, bis sich einer der beiden traute, die Klappe aufzuschubsen. Von da an war die Klappe kein Problem mehr und wurde genutzt, als wäre es das Normalste der Welt.

Der Durchgang vom Bungalow zur Terrasse hatte zum Schutz vor Insekten einen Fadenvorhang. Sammy war anfangs etwas irritiert. Nachdem er aber festgestellt hatte, dass von dem „Ungetüm" keine Gefahr ausging, lief er wie selbstverständlich hindurch. Lilly hatte keinerlei Probleme damit.

Nach diesem ersten Erkundungsmarathon und dem Aufnehmen der ganzen neuen Eindrücke und Gerüche waren Lilly und Sam dann auch fix und fertig. Zu meinem großen Erstaunen zogen sie sich zum Schlafen nicht in ihren wohlbekannten Kennel zurück, sondern nutzten die Schlafbox im Gehege. Den Rest des Tages waren sie dann nicht mehr zu sehen.

Die erste Nacht war gegen fünf zu Ende, weil Lilly wach war und sich in den Kopf gesetzt hatte, jetzt gerne eine Runde nach draußen zu gehen. Um diese nachtschlafende Zeit war die Terrassentür natürlich zu. Es dauerte allerdings eine Weile, bis Lilly das einsah und wieder schlafen ging. Um halb zehn waren dann alle Zwei- und Vierbeiner wach und die Frettchen konnten eine Runde draußen toben und buddeln und die Gastgeberfrettchen im Nachbargehege begrüßen.

Jeden Morgen war Lilly aufs Neue begeistert von unserem Feriendomizil und hüpfte übermütig und muckernd durchs Gras und hatte ihren Spaß. Es war so schön, ihr dabei zuzusehen. Wenn Lilly sich freute, konnte man ihr einfach nicht mehr böse sein, auch nicht darüber, dass sie morgens schon bei Sonnenaufgang (und das ist im Sommer ziemlich früh!) Terror an der Tür machte, weil sie endlich rauswollte.

In den nächsten Tagen erlebten unsere Monster viele Abenteuer und stellten auch viel Unsinn an, der Urlaub war also ganz nach ihrem Geschmack. Sie klauten uns die Melone vom Tisch, enterten den Mülleimer, freuten sich über die erfrischende Dusche aus dem Gartenschlauch, gingen dann pitschnass eine Runde buddeln, um danach total eingesaut durch den Bungalow zu flitzen und sich darüber zu freuen, dass die Zweibeiner mit ihnen „fangen spielen" wollten.

Fiby & Kallie

Es ist schon viele Jahre her, dass ich nur zwei Frettchen hatte. Obwohl Lilly und Sam noch sehr aktiv waren, fehlte mir trotzdem der Trubel, und ich fand es auch für die Tiere schöner, wenn es eine richtige Gruppe war. Und zwei Frettchen waren nun mal keine Gruppe. Außerdem war Lilly doch etwas lebhafter als ihr Bruder und nun nicht mehr ausgelastet.

Somit stand unser Vorhaben „Gruppenvergrößerung" fest. Da Lilly ja sehr dominant war, sollten die neuen Frettchen aber schon mindestens vier Monate alt sein, damit sie unseren beiden etwas entgegenzusetzen hätten.

Gesagt, getan, und ich machte mich im Internet auf die Suche. Neben den Frettchenhilfen, die in einigermaßen erreichbarer Entfernung waren, schaute ich auch immer mal in den diversen Kleinanzeigenmärkten, ob jemand in der Nähe Tiere abgibt. Und so stieß ich eines Tages auf solch eine Anzeige. Wegen Trennung wurden zehn Welpen, geboren im Mai 2010, und die Elterntiere kostenlos abgegeben. Wer seine Tiere verschenkt, war in der Regel ziemlich überfordert und ratlos. Das ließ auch schon erahnen, dass es sich sicherlich nicht um eine vorbildliche Haltung handeln würde. Gegen mein Helfersyndrom war ich allerdings machtlos. Hätte ich gewusst, was auf uns zukommt, hätte ich wahrscheinlich nie auf die Anzeige reagiert …

Die Anzeige war schon ein paar Tage alt, doch als ich anrief, erklärte mir der Mann, dass noch sieben Frettchen abzugeben seien. Er erklärte auch, dass die Welpen noch etwas erzogen werden müssten und noch nicht ganz handzahm seien.

Am 3. Oktober 2010 fuhren wir hin. Dass die Tiere in Außenhaltung lebten, hatte ich schon beim letzten Telefonat erfahren. Ich bin ein erklärter Pessimist und passionierter Schwarzmaler und ich wurde leider auch dieses Mal nicht enttäuscht. Wir standen vor einem mannshohen, vielleicht fünfzig Zentimeter tiefen, dreietagigen Drahtkäfig. Dieser war irgendwie mit einer handelsüblichen Papageienvoliere verbunden. Diese hatte aber keine eingezogenen Etagen, sodass sie eigentlich nutzlos für die Tiere war. Ein Drittel der untersten Ebene des Drahtkäfigs war mit Sand gefüllt und wurde von den Frettchen zum Buddeln und als Klo genutzt. Die oberste Etage hatte an der Vorderseite keinen

Draht, sondern Plexiglas. Dort befand sich in der einen Hälfte der Futternapf, dessen Inhalt augenscheinlich aus „bestem" Billignassfutter bestand. Die andere Hälfte der oberen Etage war die Schlafecke. Zumindest ließ der dreckige Lappen, der dort lag, dies erahnen. Es gab keine Schlafbox, etwas Isoliertes schon gar nicht. Es war mir schleierhaft, wie die Elterntiere den letzten Winter, der immerhin längere Zeit Nachttemperaturen von fast zwanzig Grad unter null zu bieten hatte, überlebt hatten, ohne zu erfrieren.

Während zwei oder drei Frettchen fraßen, brachten die anderen mit einer wilden Toberei den Käfig zum Beben. Es waren drei Rüden und vier Fähen. Eine Fähe war eine dunkle Zimtfähe, die anderen Tiere waren allesamt dunkle Iltisfrettchen.

Wir standen eine Zeit lang am Käfig und beobachteten das Treiben, und ich versuchte, den Charakter der Tiere einzuschätzen. Der Besitzer konnte dazu nämlich nicht wirklich eine Aussage machen. Und er machte auch keine Anstalten, den Käfig zu öffnen. Das tat er erst nach mehrmaligem Bitten. Sofort drängten sich die Frettchen in der Käfigtür in Erwartung von etwas Spannendem. Selbst ein Blinder konnte nun erkennen, dass der Mann Angst hatte, seine eigenen Tiere anzufassen. Ebenfalls deutlich zu erkennen war, dass die Tiere nicht nur neugierig schnupperten, sondern sofort nach der Hand schnappten. Von wegen „noch nicht ganz handzahm"! Ich war vorgewarnt, schnappte mir eine der Fähen und nahm sie in die Tragschlaffe. Aber nix an der kleinen Dame war schlaff, ganz im Gegenteil versuchte sie erbost, mich in die Hand zu beißen, und gab erst Ruhe, als ich sie wieder in den Käfig setzte. Offenbar waren die Tiere nicht viel menschlichen Kontakt gewöhnt.

Was tun? Tiere mitnehmen? Wenn ja, welche und wie viele? Da der Mann kein Geld für die Tiere wollte, standen wir hier nicht vor dem Dilemma, einen Hinterhofzüchter finanziell zu unterstützen. Außerdem wollte er alle Tiere abgeben und somit die Frettchenhaltung ganz aufgeben. Reden wir nicht um den heißen Brei herum. Es wäre für die Tiere das Beste gewesen, wenn wir alle Frettchen mitgenommen hätten. Aber was dann? Wohin mit sieben bissigen Frettchen?

Wir ließen Vernunft walten und nahmen schweren Herzens und mit ganz schlechtem Gewissen nur zwei Tiere mit - eine Fähe, die der Mann auf gut Glück aus dem Käfig angelte, und einen Rüden, der meinem Freund vom offenen Käfig aus in die Arme sprang.

Ich legte dem Mann nahe, sich an eine Frettchenhilfe zu wenden. Sicherheitshalber informierte ich ein paar Tage später selbst die nächstgelegene Frettchenhilfe. Leider habe ich von dort nie eine Info erhalten, ob die Tiere da rausgeholt wurden. Als es Anfang Dezember bitterkalt wurde, machte mein Freund daher einen Testanruf bei dem Mann und erhielt zu meiner Beruhigung die Auskunft, dass alle Tiere bereits seit Mitte Oktober ein neues Zuhause hatten. Ich hoffte sehr, dass alle in gute Hände und nicht in Einzelhaltung gekommen waren.

Zu Hause angekommen bezogen die beiden Welpen ihr Quartier. Natürlich vorsorglich räumlich von unseren beiden getrennt. Meine mir eigene, manchmal etwas übertriebene Vorsicht hat uns diesmal wahrscheinlich vor dem Super-GAU gerettet.

Als Erstes wurden die Welpen genauer begutachtet, was gar nicht so einfach war, denn beide waren Angstbeißer. Und sie bissen ordentlich! Während der Rüde eher defensiv war und nur biss, wenn man ihm zu nahe kam, hieß die Strategie der Fähe „Angriff ist die beste Verteidigung". Selbst wenn man aufrecht stand, kletterte sie in null Komma nix an einem hoch und versuchte, in Hals oder Gesicht zu beißen. Nach nur zwei Stunden hatte ich die Nase schon gestrichen voll.

Beide Tiere sahen auf den ersten Blick gut aus. Der Rüde war etwas klein von der Statur her, aber der Vaterrüde war auch nicht sehr groß gewesen. Beide waren von der Färbung dunkle Iltisse. Die Gesichtsmaske war bei beiden vorhanden, aber das Weiß sah irgendwie verwaschen aus. Das Fell war etwas staubig und fühlte sich drahtig an.

Wie schon erwähnt, hatten die Tiere beim Vorbesitzer die Buddelecke als Klo benutzt. Ich machte mich daher auf eine lange Trainingsphase in Sachen Klonutzung bereit. Doch schon nach ein paar Stunden hatten beide begriffen, wozu so ein Katzenklo gut ist. Frettchen sind eben sehr reinliche Tiere. Doch zu früh gefreut. An Tag zwei und drei nutzten sie die Klos überhaupt nicht, und ich war nur dabei, ihnen schimpfend hinterherzuwischen. Ab Tag vier hatten sie sich dann doch dafür entschieden, keine Dreckschweine mehr sein zu wollen, und seitdem gingen sie immer brav aufs Katzenklo.

Bisher hatte ich durchweg Frettchen, die in einem schon benutzten Katzenklo ihr Geschäft immer vor das bereits vorhandene Häufchen gemacht haben. Lag schon was in der Ecke, wurde der nächste Haufen etwas weiter davor platziert. Bei Frettchen mit weniger Raumverständnis dann auch gerne mal mittig im Klo. So hatte dann schon der dritte Nutzer dieses Klos das Problem, wo er sein Häufchen platzieren sollte. Entweder das Frettchen stieg dann nur mit dem Heck in das Klo und stützte sich mit den Vorderpfoten auf den Klorand oder das betreffende Klo wurde als „nicht mehr nutzbar" eingestuft und man machte provokativ davor oder benutzte das nächstgelegene Katzenklo.

Die beiden Welpen waren da völlig anders. Sie bauten sozusagen „Kleckerburgen". Es war immer nur eine Ecke im Klo benutzt und dort stapelte sich fein säuberlich ein Häufchen auf dem anderen.

Wegen der Futterumstellung machte ich mir eigentlich keine Sorgen. So junge Tiere waren problemlos an neues Futter zu gewöhnen. Man sollte aber nicht unterschätzen, wie stur die kleinen Dickköpfe auch im zarten Alter von vier Monaten schon sein konnten. Erstaunlicherweise war es so gut wie nie ein Problem, selbst erwachsene Frettchen auf hochwertiges Trockenfutter umzustellen. Auch bei den Welpen gab es da keine Probleme. Aber bei uns wird ja Nassfutter als Hauptfutter gegeben. Da stellten sich die Herrschaften erstaunlich lange bockig an. Nix von wegen der Hunger treibt's rein. Nein, es wurde am Dosenfutter geschnüffelt, die Nase gerümpft und man ging in Hungerstreik. Und ein leerer Magen wirkte sich nicht unbedingt vorteilhaft auf die Bissigkeit der beiden aus. Na gut, als Friedensangebot gab es zum ignorierten Dosenfutter auch ein paar Brocken Trockenfutter dazu. Nach zwei Tagen hatte man den neuen Speiseplan jedoch akzeptiert, und vor allem die Fähe fraß überwiegend Nassfutter, während ihr Bruder eher Trockenfutter bevorzugte.

Fleisch bot ich natürlich auch an. Da Welpen schon beim bloßen Geruch von Fleisch echt alles um sich herum vergessen können und die beiden ja immer noch bissig waren, war ich extrem vorsichtig. Ich hielt das Fleischstück nur an einem Zipfelchen fest und hielt es der Fähe hin. Sie nahm es artig und ging, um zu fressen. Hat doch super geklappt. Nun der Rüde. Er stand da, stets zur Flucht bereit, und sah mich misstrauisch an. Ich redete ruhig auf ihn ein und versuchte, ihm das Fleisch verbal schmackhaft zu machen. Während ich so vor mich hin brabbelte, spürte ich plötzlich einen Ruck im Arm. Der Rüde hatte sich das Fleisch geschnappt und es mir aus der Hand gerissen. Das ging so schnell, das ich nicht reagieren konnte und daher nicht sofort losließ. Holla, so ähnlich fühlt es sich wahrscheinlich an, wenn eine Maus von der Klapperschlange erwischt wird.

Welpen im Wachstum fressen gut und viel, das war mir bekannt. Aber was die beiden so an einem Tag verdrücken konnten, ließ mich nur mit dem Kopf schütteln. Täglich verschlangen sie ein halbes Kilo Nassfutter, eine Handvoll Trockenfutter plus etwas Fleisch! Kaum hatte man den Napf aufgefüllt, war er auch schon wieder leer. Kaum verwunderlich, dass der Rüde in den ersten zehn Tagen dreihundert Gramm an Gewicht zunahm! Nach etwa zwei Wochen fraßen sie nur noch halb so viel. Das machte mir im ersten Moment Sorgen, aber wenn ich genauer darüber nachdachte, fraßen sie jetzt normale Mengen und hatten in den ersten Tagen nur ein Defizit aufholen müssen.

Trotz alledem waren beide sehr gemächliche Fresser. Nur keine Eile hieß das Motto, in der Ruhe liegt die Kraft. Es gab auch keinen großen Futterneid unter den beiden.

Nun zum eigentlichen Problem. Neben der Bissigkeit stellte sich bereits nach zwei Tagen heraus, dass die Welpen nicht gesund waren. Der Rüde hustete und die Fähe nieste. Kein Wunder bei vorheriger Außenhaltung ohne Schlafbox. Also ab zum Tierarzt. Fairerweise wies ich darauf hin, dass die Tiere bissig waren, bevor mit der Untersuchung begonnen wurde. Selbst wir fassten die Welpen derzeit nur mit Handschuhen an, weil sie bis auf die Knochen bissen. Also wurden schwere Geschütze aufgefahren und die zierliche Tierarzthelferin stülpte sich einen langen dicken Lederhandschuh über. Die Welpen ließen uns allerdings wie Deppen dastehen, denn bei jedem Tierarztbesuch gaben sie sich lammfromm. Die Fähe war neugierig, aber vorsichtig und versuchte nicht mal zu schnappen. Der Rüde verkroch sich in der hintersten Kennelecke und wollte sich am liebsten in Luft auflösen.

Die Untersuchung der Welpen ergab keine Auffälligkeiten. Beide waren munter, hatten keinen Durchfall, guten Appetit, kein Fieber, die Lunge war frei. Wegen des von uns berichteten Hustens und Niesens bekamen sie jedoch ein Antibiotikum. Aus diesem ersten Tierarztbesuch wurde ein ganzer Marathon, der uns viel Zeit, Geld, Nerven und Tränen kostete.

Während wir den Husten des Rüden recht schnell in den Griff bekamen, war das Niesen der Fähe extrem hartnäckig. Schon bald kam schleimiger zäher Ausfluss aus der Nase dazu. Es wurde eine Bordetellen-Infektion festgestellt. Das sind sehr hartnäckige

Bakterien, die unter anderem auch bei Katzenschnupfen und Zwingerhusten eine Rolle spielen. Und leider sind sie auch schon gegen viele Antibiotika resistent. Wir hatten also den Hauptgewinn gezogen – zwei bissige Welpen, einer davon krank, und es war auch noch ansteckend. Räumlich getrennt hatten wir die Welpen ja schon. Trotzdem bestand die Gefahr, dass sich Lilly und Sam anstecken könnten. Also mussten wir uns jedes Mal, wenn wir zu den Welpen ins Zimmer gingen, komplett umziehen und uns beim Verlassen des Zimmers die Hände desinfizieren. Alle drei Tage wischte ich das Zimmer komplett durch und wechselte die Kuschelsachen. Da laut Tierarzt selbst eine Ansteckung nicht ausgeschlossen werden konnte, wenn unsere beiden an der geschlossenen Zimmertür der Welpen vorbeiliefen oder davor schnupperten (Zimmertüren schließen ja nun mal nicht luftdicht ab), blieb uns keine andere Wahl, als Lilly und Sam vorerst nicht aus dem Frettchenzimmer zu lassen. Alles in allem eine sehr unbefriedigende Situation, die schwer an den Nerven von allen Beteiligten zerrte.

Warum ausgerechnet wir? Diese Frage stellte ich mir oft. Schon seit Jahren nahm ich immer mal wieder Frettchen aus mehr oder weniger schlechter Haltung auf und hatte ja auch schon drei Mal Wildtiere im Haus. In keinem Fall bestand jemals eine ernste gesundheitliche Gefahr für meine eigenen Tiere. Ich war immer vorsichtig und trennte Pflegetiere anfangs räumlich, bei den Wildtieren wechselte ich eine Zeit lang auch jedes Mal die Kleidung, um jegliches Risiko auszuschließen. Warum jetzt das? In Internetforen las ich immer wieder kopfschüttelnd, wie andere Frettchenhalter fremde Tiere aus schlechter Haltung einfach ohne jegliche Quarantäne oder zumindest ohne eine tierärztliche Untersuchung zu den eigenen Frettchen setzten. Und da passierte nie was. Warum hatten diese Leute so viel Glück?

Während ich versuchte, mich nicht zu sehr an die beiden Welpen zu binden (was mir anfangs wegen der Bissigkeit ja überhaupt keine Probleme bereitete und später im Hinblick darauf, dass sie für Lilly und Sam eine gesundheitliche Gefahr darstellen könnten, auch einigermaßen klappte), war mein Freund schon nicht mehr zu retten. Er war hin und weg und wollte den beiden unbedingt Namen geben. Ich sollte natürlich bei der Suche helfen. Immer noch bemüht, keine enge Bindung zu den Welpen aufzubauen, brummelte ich vor mich hin, aber mein Freund ließ nicht locker.

Na schön, er wollte Namensvorschläge hören? Konnte er haben. Wie wär's zum Beispiel mit Jekyll & Hyde, Mistvieh & Biest oder Röchel & Hust? Während ich mich über meinen letzten, wirklich sehr gelungenen Namensvorschlag weglachte, stieß ich damit bei meinem Freund auf wenig Gegenliebe. Schlussendlich einigten wir uns auf Fiby & Kallie. Gerade für den Rüden war der Name mehr als passend – kleiner Kopf und viel Körper hinten dran ...

Dass die Welpen ihre Bissigkeit ablegten, war meinem Freund zu verdanken. Während ich auf Abstand blieb, ließ er sich nicht abschrecken und nahm die Tiere immer wieder in die Hand, streichelte sie und belohnte mit Paste. Nach etwa acht Tagen konnte er die Fähe schon gut handeln und brauchte längst keine Handschuhe mehr. Der Rüde blieb etwas zurückhaltender, biss aber nur, wenn man ihn hochnahm. Nach diesen acht Tagen wurde auch ich etwas mutiger. Während mein Freund sich ausgiebig mit Fiby beschäftigte, traute ich der kleinen Zicke noch nicht über den Weg (was übrigens auf Gegenseitigkeit beruhte) und hielt mich eher an Kallie. Es dauerte noch etwa zwei Wochen, dann konnte ich auch Fiby problemlos anfassen. Bis heute ist sie aber zu mir deutlich grober als zu meinem Freund. Auch Kallie hatte sich einen Tick zugelegt. Im Großen und Ganzen war er ein lieber Kerl, den man streicheln und knuddeln konnte. Selbst beim Balgen war er nicht grob und ließ sofort los, wenn er Haut spürte. Er vergaß sich jedoch völlig, wenn er eine Fingerkuppe erwischte. Hände und Finger selbst waren kein Problem, da knabberte er nur leicht dran rum, aber bei Fingerspitzen biss er sofort zu und ließ auch nicht mehr los. Weder gutes Zureden, In-die-Seite-Kneifen, In-die-Nackenstarre-Nehmen noch Anpusten half dann. Man musste ihm das Maul aufhebeln. Es hatte manchmal fast den Anschein, als hätte er einen Beißkrampf. Er biss teils so tief, dass Blut floss, und es war immer sehr schmerzhaft. Den Grund für dieses Verhalten konnte ich mir nicht erklären und wir konnten es ihm auch nicht abgewöhnen.

Obwohl sie im Frettchenzimmer ausreichend Platz zum Toben hatten, war es für Lilly und Sam eine schwere Zeit. Sie waren es nicht gewohnt, „eingesperrt" zu sein. Sie spielten in ihrem Zimmer nicht wirklich, obwohl wir uns alle Mühe gaben, sie zu animieren, ihnen immer wieder neues Spielzeug anboten und sie in den Schränken stöbern ließen. Das alles brachte aber nur kurzzeitige Ablenkung. Es tat mir im Herzen weh, meine beiden Lieblinge so zu sehen, und oft konnte ich meine Tränen nicht zurückhalten und wünschte, ich könnte das alles rückgängig machen.

Damit Lilly und Sam keinen Lagerkoller bekamen, beschlossen wir nach zwei Wochen, sie jeden Tag mit ins Schlafzimmer zu nehmen. Für Lilly war das Schlafzimmer immer ein absolutes Highlight, schon allein, weil sie da nicht immer reindurfte. Legte man nur die Hand auf die Klinke, kam sie schon angaloppiert und wartete gespannt wie ein Flitzebogen darauf, dass man sie reinließ. Kaum öffnete man die Tür, sprintete sie schon muckernd ins Zimmer, machte Bocksprünge, drehte sich zu einem um und hüpfte wild muckernd mit leicht geöffnetem Maul um einen herum und forderte zum Toben auf. Ob man wollte oder nicht, bei diesem Anblick purer Lebensfreude musste man einfach lachen. Wenn man dann auch noch auf ihre Spielaufforderungen einging und sie auf das Bett ins weiche Kissen warf oder einfach mit der Decke wedelte, dann war sie völlig hin und weg und in diesem Moment das glücklichste Frettchen der Welt.

Sammy fand das Schlafzimmer auch sehr interessant, aber so ein Theater wie Lilly machte er nicht.

Mit den Ausflügen ins Schlafzimmer konnten wir den Monstern wenigstens etwas Abwechslung bieten. Anfangs waren Lilly und Sam schon nach zwanzig Minuten k. o. gespielt. Aber nach und nach steigerte sich das bis auf siebzig Minuten. Da waren dann meist wir Zweibeiner k. o. gespielt und die Frettchen hatten noch Power.

Es war so schön, sie endlich wieder toben zu sehen, sie durchzuknuddeln und mit ihnen fangen zu spielen. Mein Freund meinte, der Kontakt zu den Tieren sei jetzt viel intensiver, weil wir uns nun in der kurzen Zeit im Schlafzimmer ausgiebiger mit ihnen beschäftigten. Mag sein, trotzdem war es nicht so, wie es sein sollte. Lilly und Sam mussten sich immer noch einschränken.

Normalität kehrte erst fünf Wochen, nachdem wir die Welpen geholt hatten, wieder ein, als ich einer Freundin mein Leid klagte. Sie arbeitete im Krankenhaus, und ein Satz von ihr brachte mich auf die Idee, die Lilly und Sam wieder zu ihrer gewohnten Freiheit in der Wohnung verhalf. Meine Freundin sagte: „Bakterien fliegen nicht durch die Luft, das tun nur Viren." Eine einfache Tatsache, die eigentlich jeder Tierarzt wissen sollte, uns aber keiner mitgeteilt hatte, obwohl wir mit mehreren Ärzten besprochen hatten, was wir alles anstellten, um eine Ansteckung unserer eigenen Tiere zu verhindern.

Bisher verhinderte unser Wohnungsgrundriss es schlichtweg, dass Lilly und Sam sich frei bewegen konnten, weil das Frettchenzimmer neben dem Zimmer lag, in dem die Welpen untergebracht waren, und Lilly und Sam somit zwangsläufig an diesem Zimmer vorbeilaufen mussten. Die Lösung des Problems war eigentlich total einfach. Wir verschraubten drei etwa siebzig Zentimeter hohe Holzplatten miteinander und hatten nun eine Art Schleuse vor der Tür der Welpen. Somit konnten sich die Tiere durch die Tür nicht beschnuppern und wir konnten unsere Wechselklamotten in der Schleuse lagern.

Es war ein so tolles Gefühl, endlich wieder die Tür vom Frettchenzimmer aufmachen zu können, und Lilly und Sam konnten laufen, wie sie wollten. Die beiden waren so happy und tollten minutenlang muckernd durch die ganze Wohnung. Die Schleuse beachteten sie gar nicht.

Ein viertel Jahr, einen Tierarztwechsel und viele Hundert Euro später gab es endlich einen kleinen Hoffnungsschimmer. Das inzwischen dritte Antibiotikum schien endlich anzuschlagen und Fiby war symptomfrei. Da sie das Antibiotikum schon länger als normalerweise üblich bekam, mussten wir es absetzen und hoffen, dass sie keinen Rückfall bekam. Sollte Letzteres der Fall sein, könnte uns kein Tierarzt mit Sicherheit sagen, ob sie „nur" einen chronischen Schnupfen zurückbehalten würde oder ob es weiterhin ansteckend war. Die weitere Entwicklung war also ausschlaggebend dafür, ob ein Vergesellschaftungsversuch mit Lilly und Sam überhaupt infrage kam. Wir waren uns einig, dass wir Lilly und Sam keiner gesundheitlichen Gefahr aussetzen würden.

Etwa Ende November 2010 kam Kallie langsam in die Ranz. Geruchlich hielt es sich lange Zeit in Grenzen. Erst wenn man mit dem Gesicht ganz nah war, merkte man, dass er schon leicht müffelte. Aber die Hoden wurden langsam sichtbar. Besser gesagt, nur ein Hoden, nämlich der linke. Der rechte ließ sich nicht blicken, während der linke langsam, aber stetig größer wurde. Erst Ende Dezember, als der linke Hoden bereits bohnengroß war, kam auch der andere zum Vorschein. Ich war sehr froh darüber, und Kallie sicherlich auch, denn nun tastete ich nicht mehr ständig an seiner empfindlichsten Stelle suchend herum.

Das zeigte mir auch wieder einmal, wie wichtig es war, den Tieren Zeit für die Entwicklung zu geben und nicht sofort beim allerkleinsten Ranzanzeichen (meist stören sich die Leute ja am

Geruch, den einige Rüden auch schon im Alter von vier oder fünf Monaten entwickeln können) kastrieren zu lassen. Hätten wir bei Kallie so gehandelt, hätte er einen größeren Eingriff über sich ergehen lassen müssen als eigentlich nötig, denn wegen des einen innen liegenden Hodens wäre wohl ein Bauchschnitt nötig gewesen.

Frettchen sind mit etwa acht bis zehn Monaten ausgewachsen. Und diese Zeit sollte man ihnen auch geben. Zumindest bei Rüden ist das machbar, sofern sie die anderen Gruppenmitglieder nicht zu sehr drangsalieren. Bei Fähen kann man wegen der Gefahr der Dauerranz auf das Alter nicht immer Rücksicht nehmen – wenn sie in die Ranz kommen, müssen sie kastriert werden.

Ich hatte bisher sechs Rüden, die kastriert werden mussten. Den jüngsten habe ich mit siebeneinhalb Monaten kastrieren lassen (länger konnte ich nicht warten, weil er die gesamte Gruppe terrorisierte), der älteste Welpe war bei der Kastration zehn Monate alt. Eine Ausnahme bildete mein allererster Rüde Chester, der erst mit zwei Jahren kastriert wurde, weil ich ihn erst in diesem Alter bekommen habe. Ich habe die OP immer so lange wie möglich hinausgezögert, um die Tiere körperlich und auch seelisch erwachsen werden zu lassen.

Von meinen sechs Rüden hatte nur Pepper tatsächlich Hodenhochstand, denn auch im Alter von zehn Monaten war ein Hoden immer noch nicht abgestiegen und musste aus dem Bauchraum entfernt werden.

Kallie wurde im Januar 2011 im Alter von acht Monaten kastriert und hat alles gut überstanden.

Wasserprobleme

Ende Februar 2011 stellte ich bei Sammy fest, dass sein Bauch dick und irgendwie aufgebläht war. Beim Abtasten zeigte er keine Schmerzreaktion, und der Bauch war auch weich, aber sehr gespannt. Ansonsten ging es Sammy blendend, er fraß gut, der Kot war in Ordnung, er war aktiv und tobte ausgelassen mit Lilly. Ich beobachtete die Sache eine Weile, doch als sein Bauch am dritten Tag immer noch so dick war, ging ich mit Sammy zum Tierarzt. Dort wurde er gründlich abgetastet, abgehört und es wurde Fieber gemessen – alles ohne Befund. Man gab mir den Rat, es erst mal weiter zu beobachten. Sollte es nicht besser werden oder sich gar verschlechtern, wäre die weitere Vorgehensweise Ultraschall, Röntgen und eine Blutuntersuchung. Mein Gefühl sagte mir, ich solle lieber keine Zeit verlieren, und so machte ich sofort einen Termin für eine Ultraschalluntersuchung.

Da meine Tierärztin kein Ultraschallgerät besitzt, musste ich dafür in eine andere Tierarztpraxis. Die Tierärztin, die dort die Ultraschalluntersuchungen durchführte, erkrankte leider, sodass eine Untersuchung nicht möglich war. Ich bat jedoch darum, wenigstens ein Röntgenbild zu machen. Das war dann auch schnell erledigt und die Auswertung ebenfalls. Mit den Worten, es sieht alles bestens aus, kein Tumor oder sonstige Auffälligkeiten zu erkennen, wurde ich nach Hause geschickt. Das konnte ich allerdings nicht so ganz glauben. Es musste schließlich einen Grund dafür geben, dass Sammys Bauch so dick war. Und dass der Bauch aufgebläht war, wurde bei der Voruntersuchung bestätigt. Die Tierarztpraxis arbeitete mit digitalem Röntgen, und so ließ ich mir eine Kopie auf CD mitgeben.

Ich schickte das Röntgenbild einer Frettchenspezialistin. Ihre prompte Diagnose lautete Aszites, Lungenödem und Herzschattenvergrößerung! Sie verordnete Entwässerung und Herzmedikamente. Das war doch weitaus mehr, als ich befürchtet hatte. Da Sammy schon, seit er ein Welpe war, immer mal wieder den typischen Herzhusten zeigte und sich auch beim Toben alle naslang hinlegte, um zu verschnaufen, hatte ich ihn bereits 2007 und 2008 auf eventuelle Herzprobleme untersuchen lassen. Bei den Untersuchungen wurde nie etwas festgestellt. Am meisten geschockt war ich jedoch darüber, dass die Tierarztpraxis jetzt das Wasser im

Bauch nicht erkannt hatte. Wieder einmal hatte sich mein Misstrauen beziehungsweise mein Vertrauen in mein Bauchgefühl bestätigt. Doch das lag nur an meiner jahrelangen Erfahrung. Ein Anfänger hätte der Aussage der Tierärztin verständlicherweise voll vertraut und wäre in dem Glauben nach Hause gegangen, mit seinem Frettchen sei alles in Ordnung.

Das Röntgenbild und die E-Mail mit der Diagnose der Frettchenspezialistin legte ich meiner behandelnden Tierärztin vor. Da ich schon herzkranke Frettchen hatte, hatte ich alle nötigen Medikamente zu Hause. Da meine Tierärztin keine Erfahrungen mit herzkranken Frettchen hatte, ich aber die Ferndiagnose gern am Tier bestätigt haben wollte, fuhr ich mit Sammy zu einem frettchenerfahrenen Tierarzt nach Hamburg. Er bestätigte den Herzfehler. Es dauerte etwas, bis die Medikamente für Sammy optimal eingestellt waren, aber dann ging es ihm deutlich besser und er war aktiver.

Ein Wasserproblem der ganz anderen Art bescherten uns Fiby und Kallie. Die beiden waren ausgesprochene Wasserratten und konnten an keinem Napf vorbeigehen, ohne darin zu planschen, zu tauchen oder ihn durchs ganze Zimmer zu schieben. Smart war ja auch ein solcher Wasserfanatiker gewesen, und schon bei ihm hatte ich allerlei Tricks probiert, um ihn davon abzuhalten, den Napf komplett leer zu buddeln, und war kläglich gescheitert. Fiby und Kallie toppten Smart allerdings noch. Einen ersten Etappensieg konnten wir erzielen, indem wir in ein dickes Holzbrett Löcher sägten und dort den Wasser- und Futternapf hineinstellten. So wurde eine größere Sauerei erfolgreich verhindert. Da die beiden Monster jedoch weiterhin versuchten, den Napf auszugraben, plemperten sie nach wie vor. Die Menge Wasser, die danebenging, war nicht weltbewegend, aber da das Wasser unter das Brett lief und dort stand, bildete sich dort Schimmel, was natürlich gesundheitsschädlich war. Doch wir hatten schon einen anderen vielversprechenden Plan. Ein großer Plastiknapf wurde auf der Unterseite mit Beton aufgefüllt, sodass er schön schwer war und die Frettchen ihn nicht verschieben konnten. Das versuchten die schlauen Biester dann auch erst gar nicht. Aber da der Napf so groß war, eignete er sich hervorragend als Planschbecken, und auch so konnte man eine herrliche Überschwemmung herbeiführen. Man musste nur den Kopf bis zum Boden eintauchen und das Wasser dann quasi herausschippen. So sah es zumindest aus und die beiden Kröten waren mit Feuereifer bei der Sache. Es wurde nur ab und zu eine Pause eingelegt, um Luft zu holen und zu schauen, wie viel Wasser vom pitschnassen Kopf und Hals wieder zurück in den Napf tropft. Diese Schlacht hatten die Frettchen gewonnen, doch am Ende sollten wir siegreich bleiben.

Jedem Tierchen sein Pläsierchen – von Ticks und Tricks

Jedes Frettchen hat seinen eigenen Charakter und ist eine ganz eigene kleine Persönlichkeit. Und wie bei uns Menschen haben auch Frettchen gerne mal so ihre Macken oder auch besondere Talente.

Kira hatten keine Macken oder Eigenarten. Sie war einfach nur ein Traumfrettchen. Okay, sie hatte die Angewohnheit, immer zugedeckt zu schlafen, auch bei Temperaturen von 30 Grad, aber das würde ich nicht als Macke bezeichnen.

Chester war bis zum Schluss Fremden gegenüber sehr misstrauisch und bissig. Aber auch das war in meinen Augen keine Macke, sondern resultierte eher aus schlechten Erfahrungen, die er wohl früher gemacht hatte.

Pepper war ein Muttersöhnchen und hing ständig an meinem Rockzipfel, was ich aber ehrlich gesagt total niedlich fand. Er konnte stundenlang schmusen und schlief gerne auf meinem Arm. Außerdem liebte er Spaziergänge und seinen kleinen Plüschhund.

Julie konnte man ein gewisses Talent nicht absprechen. Es gab ja allerlei Spielzeug zu kaufen, unter anderem auch so kleine Tiere, zum Beispiel Grashüpfer oder Mäuse, die man mit einer Kordel aufziehen konnte und die sich dann bewegten. Julie liebte diese Dinger. Da ich ihr ihr Spielzeug nun aber nicht stundenlang aufziehen wollte, lernte sie es eben selbst! Ich habe ihr mehrfach dabei zugesehen und war immer wieder erstaunt, wie geschickt sie das machte. Sie hielt das Spielzeug mit den Vorderpfoten fest und legte es so hin, dass die Aufziehschnur zu ihr zeigte. Dann biss sie in die Kordel, zog den Kopf zurück und drückte die Vorderbeine, so weit es ging, von sich, sodass sie die Kordel herauszog und damit das Spielzeug aufzog. Dann ließ sie los und freute sich wie Bolle über das hüpfende Spielzeug. Das wiederholte sie dann so lange, bis sie keine Lust mehr hatte. So sehr Julie dieses Spielzeug liebte, so sehr hasste sie Handyklingeltöne. Vor allem die hohen Tonlagen mochte sie überhaupt nicht. Klingelte ein Handy, kam sie sofort angesprintet, und hielt man ihr das Handy dann hin, biss sie hinein und versuchte, es wegzuschleppen.

Merlin hatte ein ganz besonderes Faible. Er liebte Klospülungen beziehungsweise das Geräusch, wenn die Spülung betätigt wurde.

Wenn er das hörte, war er sofort zur Stelle und hüpfte wie ein Wilder an der Toilette hoch. Wenn man ihm eine Freude und sich selbst einen Spaß machen wollte, dann nahm man ihn hoch und zeigte ihm das abfließende Wasser. Man musste ihn aber gut festhalten, sonst wäre er vor Begeisterung noch in die Kloschüssel gesprungen.

Smart hatte seinen Namen zu Recht, denn er war ein cleveres kleines Kerlchen. Ich gab den Frettchen hin und wieder einen Futterball zur Beschäftigung. Das war ein kleiner Plastikball von etwa sechs Zentimeter Durchmesser, der mehrere unterschiedlich große Öffnungen besaß. Man füllte etwas Trockenfutter oder Leckerlis hinein und die Tiere mussten den Ball drehen, damit das Futter aus den Öffnungen fiel. Bisher hatten sich sämtliche meiner Frettchen zu blöd angestellt für den Futterball und daher ziemlich schnell das Interesse verloren. Nicht so Smart. Er war fasziniert von dem Teil und lernte unglaublich schnell. Schon bald hatte er den Dreh raus und war so gut, dass der Ball schon wieder leer war, kaum dass ich ihn ihm gegeben hatte.

An Tiny war ein Bergsteiger verloren gegangen. Kein Hindernis war ihr zu hoch. Unzählige Male musste ich sie vom Käfig oder aus dem Bücherregal pflücken. Sie war aber auch so schlau, nicht nur hoch, sondern auch wieder unbeschadet runterzukommen.

Lilly war mein Muckerfrettchen und schlug selbst meine redefreudige Julie noch um Längen. Wenn sie etwas toll fand, dann musste sie das auch „sagen". Und Lilly fand viele Dinge toll – das Schlafzimmer, draußen im Sand zu buddeln, wenn man sie aufs weiche Kopfkissen warf oder einfach nur mit ihr tobte. Außerdem konnte Lilly, ebenso wie Smart, Schubladen öffnen, indem sie sich auf den Rücken legte und so lange mit den Vorderpfoten an der Schublade kratze und zerrte, bis sie aufging.

Sammy liebte Gummi über alles, aber das war nicht ungewöhnlich für Frettchen. Schon von jeher hatte ich alles Gummiartige aus der Wohnung verbannt, um sicherzugehen, dass Sammy nichts anfrisst und dann eventuell einen Darmverschluss bekam. Sammy liebte auch weiche Bälle in allen Größen und Farben. Die hütete er wie einen Schatz und verteidigte sie vehement gegen alle anderen Frettchen. Selbst Lilly wagte sich selten an einen seiner Bälle. Um sicherzugehen, dass die Bälle auch wirklich in Sicherheit waren, wechselte Sammy öfter die Verstecke, manchmal mehrmals täglich. Sein Lieblingsversteck war im Wohnzimmer auf dem Korbsessel unter dem Sitzkissen. Es war immer herrlich mit anzusehen, mit welchem Eifer und welcher Ausdauer Sammy bei der Sache war. Manche Bälle waren so groß, dass er, wenn er sie durch die Gegend trug, seinen Kopf ordentlich in die Höhe recken musste, um laufen zu können, ohne zu stolpern. Der Korbsessel war so hoch, dass die Sitzfläche auf seiner Kopfhöhe war, wenn Sammy sich aufrecht hinstellte. Da hinauf musste er den Ball bugsieren, und zwar gleich unter das Kissen. Meist gab ich ihm Hilfestellung, indem ich das Kissen etwas anhob und er den Ball schon dorthin schieben konnte. Dann musste er sich nur noch selber hinaufhieven. Natürlich, ohne den Ball auch nur eine Sekunde loszulassen. Wenn er das geschafft hatte, wurde der Ball noch in die richtige Position gerückt, und Sammy war zufrieden.

Sammy war außerdem unser kleines Eichhörnchen. Nicht, dass er gerne kletterte. Aber er hielt seinen Schwanz immer so hoch über den Rücken, dass es fast wie bei einem Eichhörnchen aussah. Ein wirklich seltsamer, lustiger Anblick. Keines der anderen Frettchen machte das. Ich konnte auch nicht genau sagen, ob Sammy das schon immer gemacht oder ob er sich das im Laufe der Jahre erst angewöhnt hatte.

Fiby war eher ein Leichtgewicht und ein ausgesprochenes Kletterfrettchen. Überall musste sie rauf. Sie schaffte es nicht, auf die Couch zu springen, doch sie fand einen anderen Weg. Die Couch hatte an den Seiten Korbgeflecht, und so kletterte Fiby wie ein Bergsteiger an der Lehne hinauf. Aber Fiby wollte nicht nur hoch hinaus. Frettchen können meiner Erfahrung nach Entfernungen und Höhen beziehungsweise Tiefen eher schlecht einschätzen. Doch bei Fiby hatte ich des Öfteren das Gefühl, dass sie geradezu lebensmüde war. Wie ein Lemming stürzte sie sich, ohne zu zögern, von jeder „Klippe", sei es nun die Couchrückwand oder ein Sideboard, das sie vom Sofa aus erklimmen konnte. Bisher hatte sie sich nie wehgetan, aber sie sollte ihr Glück nicht herausfordern. Ich hatte auch keine Möglichkeit, sie davon abzuhalten, schließlich konnte ich die Couch nicht aus dem Zimmer räumen.

Kallie war in einem früheren Leben wohl mal Chirurg. Spielzeug, das schon einige Jahre lang allen Frettchen standgehalten hatte, war bei ihm in null Komma nix kaputt. Besonders gern machte er „Augen-OPs". Er kaute dann so lange am Spielzeug herum, bis der Stoff um die Kunststoffaugen sehr dünn geworden war und diese fast herausfielen. Spätestens dann entfernte ich die Augen. Da mir die Gefahr zu groß war, dass so ein Auge mal verschluckt wird, schnitt ich diese meist vorsorglich heraus. Diverses Spielzeug hier ist also blind und hat fachmännisch zugenähte Augen, seit Kallie eingezogen ist.

Der kleine Racker hatte auch sonst noch ein paar seltene „Talente". Er konnte zum Beispiel Türen schließen. Viele Frettchen sind ja eher darum bemüht, Türen zu öffnen. Für Kallie war es viel schöner, diese zu schließen. Er drückte sie einfach mit seiner Nase zu. Auch wenn die Tür sperrangelweit auf stand. Sein dummes Gesicht, wenn er dann nicht mehr rein oder raus konnte, war ein Bild für die Götter.

Außerdem war Kallie ein Meister darin, einem vor die Füße zu laufen. Unzählige Male schon entgingen Mensch und Tier nur knapp einem Unfall. Wir hatten nicht erst seit gestern Frettchen und wussten natürlich, dass man nicht einfach so losläuft, sondern immer schön schaut, wo man hingeht. Aber Kallie schaffte es trotzdem immer wieder, wie aus dem Nichts aufzutauchen und uns vor oder zwischen die Füße zu laufen.

Aber der Knilch hatte natürlich auch seine niedlichen Seiten. Es war einfach zu süß, wenn er uns zum Toben aufforderte. Er tänzelte dann nicht nur um uns herum, sondern sprang uns mit vor Freude offenem Mäulchen an und umarmte uns mit den Vorderbeinen. Wenn man dann auf seine Spielaufforderung einging, war die Welt für ihn in Ordnung.

Die Vergesellschaftung, Teil I

Nachdem die Quarantäne aufgehoben werden konnte, konnten wir natürlich nicht sofort mit der Vergesellschaftung beginnen. Kallie und Fiby mussten erst die Möglichkeit haben, den Rest der Wohnung zu erkunden. Das konnten wir Ende Februar 2011 in Angriff nehmen.

Ich setzte Fiby und Kallie in den Kennel, den sie auch zum Schlafen nutzten, und stellte diesen ins Wohnzimmer. So hatten sie in der neuen unbekannten Umgebung eine ihnen bekannte Rückzugsmöglichkeit. Meine rührende Fürsorge wurde von den beiden Wonneproppen allerdings mit Nichtbeachtung gestraft. Beide zögerten nur kurz, kamen dann aus dem Kennel, liefen einmal vorsichtig durchs Wohnzimmer, und dann ging die Post ab! Der Kennel war völlig uninteressant. Es gab viel zu viel zu entdecken - Rascheltunnel, Knistersäcke, Pappröhren und noch mehr. Die Couch musste erobert werden, was mit etwas Übung dann auch schnell klappte. Es gab so viel neues Spielzeug, das in Sicherheit gebracht werden musste. Kallie und Fiby hörten gar nicht mehr auf, begeistert durch die Gegend zu hopsen.

Obwohl in unserem wirklich sehr großen Wohnzimmer nur zwei Katzenklos standen, wurden diese brav genutzt, und ich musste mir in puncto Treffsicherheit keine Sorgen machen. Selbst vor der Tür zum Frettchenzimmer wurden keine Protesthaufen gesetzt. Ganz im Gegenteil, diese Tür interessierte Fiby und Kallie nicht die Bohne.

Die zwei Jungspunde liefen in den nächsten vier Wochen nun täglich morgens und abends in der Wohnung. Morgens nicht sehr lange, aber abends immer zwischen anderthalb und zwei Stunden am Stück. Sie legten nicht einmal eine Pause ein, sondern waren nur auf Achse. Wenn ich sie dann aber nach spätestens zwei Stunden zurück in ihr Zimmer brachte, gingen sie sofort schlafen, so müde waren sie.

Ende März 2011 wagten wir uns dann an die eigentliche Vergesellschaftung heran. Wir ließen erst Lilly und Sam laufen, damit sie sich etwas austoben konnten, und holten dann Fiby und Kallie dazu. Die Lütten begannen sofort, miteinander zu toben, und hatten noch gar nicht realisiert, dass sich noch andere Frettchen im Raum befanden. Und so bewegten sie sich raufend langsam immer weiter auf Lilly und Sam zu, die die Welpen längst entdeckt hatten und wie erstarrt waren. Kurz bevor Fiby und Kallie mit Sammy und Lilly zusammengestoßen wären, entdeckten die Lütten plötzlich die Großen. Von Angst keine Spur tobten sie Lilly und Sam an, und man konnte ihnen deutlich ansehen, dass sie begeistert waren, neue Spielkameraden entdeckt zu haben. Lilly und Sam hatten aber keineswegs Spielen im Sinn, und so nahm sich Lilly den Kallie zur Brust und Sammy nahm sich Fiby vor.

Ich rechnete mit einer heftigen Beißerei und betete inständig, dass sich die Welpen wehren würden. Vorsorglich hatte ich Küchentücher, Paste zum Ablenken und Notfalltropfen bereitgestellt. Umso überraschter war ich, wie zurückhaltend Lilly und Sam doch waren. Es wurde natürlich erst mal klar gestellt, dass die Großen über die Eindringlinge nicht begeistert waren. Doch es blieb dabei, dass sowohl Lilly als auch Sammy die Lütten kurz durchschüttelten, sich aber nicht festbissen und etwas durch die Gegend scheuchten. Fiby und Kallie waren natürlich von der Reaktion der Großen überrascht und beide machten ein Angsthäufchen und ergriffen die Flucht. Wenn sie aber gestellt wurden, dann wehrten sie sich auch und spielten nicht das hilflose Opfer. Nach zehn Minuten trat Ruhe ein, es wurde viel gemuckert und der eine lief dem anderen hinterher, aber es gab keine wirklichen Aggressionen mehr. Wir konnten unser Glück kaum fassen und belohnten die vier ausgiebig mit Paste und Leckerlis.

Nach etwa vierzig Minuten kippte die Situation allerdings. Fiby begann plötzlich, Lilly und Sam zu jagen und sich zu verbeißen und dann die Alligatorrolle zu machen. Die beiden Großen waren total verschüchtert und nur am Schreien und Verstecken. Nicht einmal Lilly, die sonst so dominant war und sich von niemandem die Butter vom Brot nehmen ließ, wehrte sich, sondern rannte schreiend davon und war ein Häufchen Elend. Sammy ging es noch schlimmer, er sah aus wie das Leiden Christi. Ich war entsetzt. Mit dieser Wendung hatte ich absolut nicht gerechnet. Es war mir klar, dass es nicht ohne Komplikationen ablaufen würde, aber hier waren eindeutig die Rollen vertauscht. Am liebsten hätte ich sofort abgebrochen. Doch wir wollten es wenigstens ein paar Tage versuchen. Schließlich mussten sich die Tiere erst an die neue Situation gewöhnen.

Kallie war ein perfektes Vergesellschaftungsfrettchen. Er war neugierig und interessiert und wehrte sich auch, wenn er angegangen wurde, stänkerte aber nie von sich aus und hielt sich aus den Keilereien raus. Fiby hingegen war eine richtige Furie und nur auf der Jagd nach Lilly und Sammy. Die beiden waren noch immer total verängstigt und verbarrikadierten sich so gut es ging und ließen sich nicht mehr blicken. Sammy wehrte sich überhaupt nicht gegen Fiby und schrie immer voller Panik und herzzerreißend. Fiby setzte ihm auch heftig zu, wenn sie ihn erwischte, und biss sich bei ihm im Kopf oder Nacken fest. Ich musste jedes Mal dazwischengehen. Wenn Lilly von Fiby in die Ecke gedrängt wurde, wehrte sie sich wenigstens zaghaft. Trotzdem erkannte ich meine Lilly nicht wieder.

Andererseits gab es eigentlich keine Angsthäufchen, auch wenn viele Stinkbomben flogen. Die Mädels lieferten sich einige Tage lang ein Duell, wer am besten vor das Klo kacken kann. Und alle fraßen mit Vorliebe aus dem Napf der „Gegenpartei" und nutzten die Klos der anderen. Wenn es Leckerlis und Paste gab, und das war in dieser Zeit wirklich oft der Fall, waren alle vier sofort zur Stelle. Sammy zeigte dann überhaupt keine Angst vor den Lütten, die Gier war größer. Lilly war etwas zurückhaltend, schleckte die Paste aber auch zusammen mit Kallie oder Fiby aus der Tube. Auch wenn es Fleisch gab, war kurzzeitig Waffenstillstand. Da war dann auch Lilly wieder ganz die Alte und die Erste am Napf. Alle vier mampften dann nebeneinander friedlich ihr Fleisch.

Seit sie zusammen mit den Großen gefüttert wurden, interessierten sich Kallie und Fiby deutlich mehr für Fleisch, und auch Eigelb war für die beiden plötzlich interessant. Was Futterneid so alles ausmachte. Sie wurden auch deutlich schneller beim Fressen. Das mussten sie auch, wenn sie genug abbekommen wollten, denn Lilly und Sam legten beim Fleischfressen ein ordentliches Tempo vor.

Von allen vieren hatte Kallie in dieser Zeit eigentlich den wenigsten Stress. Bereits nach vier Tagen ließ Lilly es manchmal zu, dass er zu ihr ins Kuschelkörbchen kam und neben ihr schlief. Man konnte Lilly deutlich ihre Unsicherheit ansehen, aber irgendwann entspannte sie sich. Schließlich hatte Kallie ihr nie etwas getan. Bei Sammy war Kallie etwas vorsichtiger. Er versuchte öfter, auch bei ihm zu schlafen. Hin und wieder ließ Sammy das auch zögerlich zu. Aber wenn Sammy kurz vorher von Fiby attackiert worden war, dann wollte er auch Kallie nicht bei sich haben und schrie so lange, bis Kallie verwirrt ging.

Nach etwa zehn Tagen konnte man eine leichte Besserung feststellen. Fiby ging nicht mehr auf die Jagd nach Lilly und Sam. Wenn sie den beiden beim Freilauf in der Wohnung begegnete, gab es auch nicht immer gleich Krach. Dadurch traute sich auch Sammy wieder mehr aus seinem Versteck heraus und lief wie gewohnt seine Runden durch die Wohnung. Doch Fiby ging immer noch auf den schlafenden Sammy los, und der wehrte sich dann immer noch nicht. Lilly hatte sich inzwischen an die neue Situation gewöhnt und ließ Kallie eigentlich regelmäßig bei sich schlafen. Bei Fiby drehte sie inzwischen den Spieß auch schon mal um und jagte diese durch die Wohnung. Wenn sie sie zu fassen bekam, blieb es aber bei einem kurzen Knuff, sie biss sich nicht fest. Es kam auch, wenn auch selten, vor, dass alle vier zusammen in einem Kuschelkörbchen schliefen. Dann musste Fiby aber wirklich total ausgepowert und so müde sein, dass sie keine Lust mehr zum Stänkern hatte, und auch Sammy musste das registrieren, sonst legte er sich nicht zu Fiby.

Während der ganzen Zeit hatte ich ein wachsames Auge darauf, dass keiner der vier zu viel Stress hatte. Doch alle fraßen gut, keiner hatte Durchfall und es nahm auch keiner übermäßig ab. Das allesamt gerade im Fellwechsel waren, war natürlich etwas ungünstig, da schon allein das sehr kräftezehrend war, doch sie haben es trotzdem alle gut verkraftet.

Nachdem Kallie in der ersten Woche viel zu beschäftigt mit der Eroberung des Frettchenzimmers und des Käfigs war, entdeckte er dann doch irgendwann den Wassernapf im Frettchenzimmer. Dieser war nicht, wie der Napf in seinem Zimmer, gegen Umstoßen oder Verschieben, sprich gegen Kallie, gesichert. Das fand der kleine Mann natürlich toll und veranstaltete regelmäßig kleine und größere Überschwemmungen. Mein Freund nahm sich der Sache an. Er sägte ein kleines Holzbrett zurecht, in welches der Wassernapf gestellt werden konnte. Das Brett war nicht viel größer als die Grundfläche des Napfes, doch da es mit doppelseitigem Klebeband am Linoleum fixiert wurde, hatte Kallie keine Chance mehr, und es sah schöner aus als das Riesenbrett, das Kallie in seinem Zimmer von Untaten abhielt.

Nach gut zwei Wochen konnte ich wieder Veränderungen feststellen. Lilly hatte vollends zu ihrer alten Form zurückgefunden und jagte Fiby regelmäßig quer durch die Wohnung und zahlte ihr, wenn sie sie erwischte, alles heim, was sie in den letzten zwei Wochen einstecken musste. Ab und an wurde es so heftig, dass wir dazwischengehen mussten, aber in der Regel schien Fiby seltsamerweise nicht gestresst dadurch. Sie hatte zwar auf der Flucht vor Lilly ein ordentliches Tempo drauf, aber sie schien nie panisch zu sein. Sie hatte auch fast nie einen Bürstenschwanz und wusste sich immer gut zu wehren. Es war aber auch nicht so, dass Fiby nun gar nicht mehr stänkerte. Auch sie setzte Lilly teils noch ordentlich zu, am liebsten, wenn diese schlief.

Dadurch dass die Mädels nun so sehr mit ihren Streitereien beschäftigt waren, hatte Fiby Sammy scheinbar vergessen. Jedenfalls ließ sie ihn nun weitestgehend in Ruhe und Sammy wurde wieder etwas selbstbewusster. Nachdem er erst einmal festgestellt hatte, wie gut es funktionierte, die Lütten „wegzuschreien", nutzte er das regelmäßig und sah immer ganz stolz aus, wenn der Angeschriene dann auch den Rückzug antrat. Hin und wieder war Sammy es aber auch, der zu den schlafenden Welpen ins Kuschelkörbchen stieg und sich dazulegte. Wenn sich die Weiber stritten, kam es sogar hin und wieder vor, dass Sammy so mutig war und nachschauen ging, was denn da los war. Es kam dann allerdings auch öfter vor, dass er von Fiby dann auch eine Abreibung erhielt, wenn er in die Schussbahn lief.

Kallie hatte von keinem etwas zu befürchten und war eigentlich schon so gut wie integriert. Lilly krümmte ihm kein Haar, und Sammy schrie ihn höchstens in die Flucht, attackierte ihn aber nicht. Mit Lilly schlief er ja schon regelmäßig in einem Körbchen. Bei Sammy musste er zu Trick 17 greifen. Kallie pirschte sich dann immer ganz vorsichtig an den schlafenden Sammy an. Doch dieser hatte inzwischen einen sehr leichten Schlaf und merkte das sofort. Dann ging in der Regel die Schreierei los. Meist blieb Kallie dann stehen und drehte den Kopf weg, um Sammy zu zeigen, dass er ihm nichts Böses will. Doch der schrie tapfer weiter, und irgendwann war Kallie so verunsichert, dass er einfach ging. Wenn Sammy bei Lilly lag und Kallie dazukommen wollte, hatte dieser manchmal Glück und durfte bleiben. Sammy war dann meist etwas unruhig, aber wenn Lilly zwischen ihm und Kallie lag, war es für ihn okay.

Nach gut einem Monat Vergesellschaftung traten wir irgendwie ein bisschen auf der Stelle. Die Mädels wollten sich einfach nicht zusammenraufen. Teilweise wurden die Attacken von Lilly sogar schlimmer und sie verprügelte Fiby regelrecht. Wenn man während einer Verfolgungsjagd dazwischenging und Lilly „wegfing", passierte etwas, was ich beim besten Willen nicht einzuordnen wusste. Lilly war Fiby meist sehr dicht auf den Fersen, doch sobald man Lilly hochnahm, rannte Fiby nicht etwa weiter, um einen gebührenden Abstand zu schaffen, nein, sie blieb sofort stehen und schaute sich um und kam manchmal sogar ein Stück zurückgelaufen, so nach dem Motto: Wo bleibt die denn? Was soll man davon halten?

An Tagen, an denen Lilly Fiby attackierte, stänkerte Fiby dann natürlich auch zurück, nicht nur gegen Lilly, sondern auch gegen Sammy. So wie Lilly Jagd auf Fiby machte, so tat Fiby es dann bei Sammy.

So gemein Lilly zu Fiby war, so gut kam sie inzwischen mit Kallie klar und tobte ihn nun schon regelmäßig an. Und Kallie ging immer öfter, wenn auch noch zaghaft, darauf ein.

Sammy schrie die Lütten immer noch gerne mal in die Flucht. Zumindest versuchte er das, denn Fiby und Kallie hatten natürlich längst mitbekommen, dass das alles eigentlich nur heiße Luft war und außer Schreien nichts weiter folgte. Ich konnte inzwischen am Schreien erkennen, ob Sammy wirklich in Not war oder nur jemanden wegbrüllen wollte. Es gab da deutliche Unterschiede in der Tonhöhe. Bevor ich also jedes Mal hektisch vom Sofa aufsprang, hörte ich erst einmal genauer hin und konnte dann entscheiden, ob Sammy Hilfe brauchte oder nicht. Manchmal ging ich aber auch nachschauen, obwohl ich eindeutig heraushören konnte, dass Sammy keine Hilfe brauchte. Wenn das Gequieke sehr lange anhielt, sah ich lieber mal nach dem Rechten. Manchmal konnte ich dann einfach nur mit dem Kopf schütteln bei dem, was ich da sah. In der Regel hing dann nämlich Sammy einem der Welpen im Nacken und brüllte ihm direkt ins Ohr. Die Lütten schrammten jedes Mal bestimmt haarscharf am Tinnitus vorbei. Sie machten aber auch keine Anstalten zu verschwinden, und so schrie Sammy ihnen weiter die Ohren voll. Frettchen haben doch echt 'n Knall ...

Zu Ostern, nach gut sechs Wochen Vergesellschaftung, bekamen wir Besuch von meinen Eltern. Zu diesem Zeitpunkt zogen die Welpen ins Frettchenzimmer ein. Da sich die vier immer noch nicht vertrugen, musste eine Gruppe in den Käfig und eine lief frei im Zimmer, und das wurde regelmäßig getauscht. Da meine Eltern ihren Hund mitbrachten, mussten sich die Frettchen in dieser Zeit etwas einschränken und konnten nur frei, und alle vier zusammen, in der Wohnung laufen, wenn eine Gassirunde mit dem Hund anstand.

Schon mehrfach hatte ich beobachtet, dass Kallie und Fiby sehr zurückhaltend und vorsichtig waren, wenn ihnen unbekannte Personen in der Wohnung waren. Sie blieben dann meist unter den Schränken in Deckung, um die Lage zu peilen und sich nach einer Weile zaghaft dem Fremden zu nähern. Dieses Mal war es aber sehr extrem, vielleicht lag es auch an dem Hundegeruch. Fiby und Kallie kamen jedenfalls freiwillig nicht aus dem Frettchenzimmer. Sie gingen bis zur Türschwelle und nicht weiter. Sobald sich jemand bewegte, verfiel Kallie sofort in Panik und brachte sich im Eiltempo im Käfig in Sicherheit. Lilly und Sam dagegen waren sofort dabei, neugierig das Hundekörbchen zu untersuchen.

Nach zwei Tagen wurde Fiby deutlich mutiger. Sie war zwar bemüht, in Deckung zu bleiben, aber manchmal war die Neugier doch größer, und sie traute sich hervor. Wenn ihr dann Hundespielzeug in die Quere kam, wurde das schnell unter dem Schrank gebunkert. Sicher ist sicher!

Während Fiby zur Beruhigung und Bestechung Leckerlis annahm, verweigerte Kallie vor Aufregung jegliche Leckereien und Paste. Immer noch schaute er lieber argwöhnisch vom Frettchenzimmer aus, was sich im Rest der Wohnung so tat. Manchmal wurde er etwas mutiger und kam vorsichtig, den Bauch platt auf die Erde gedrückt, etwas weiter ins Wohnzimmer. Doch sobald er ein unbekanntes Geräusch vernahm, schoss er in gestrecktem Galopp zurück ins Frettchenzimmer und dort ins Schlafhäuschen im Käfig. Erst einen Tag nachdem meine Eltern wieder abgereist waren, zeigte Kallie wieder normales Verhalten.

In Sachen Vergesellschaftung gab es eigentlich nichts Gutes zu berichten. Fibys Verhalten Sammy gegenüber wurde wieder aggressiver. Teils ging sie auf die Suche nach ihm und jagte ihn dann quer durch die Wohnung und biss sich fest, wenn sie ihn erwischte. Ein Rückschritt, den wir uns nicht erklären konnten, bis, ja bis ich Ende April 2011 entdeckte, dass Fiby wieder in die Ranz kam! Eventuell war ihr Verhalten auf den veränderten Hormonhaushalt zurückzuführen. Aber eigentlich war Fiby ja schon Anfang Februar kastriert worden ...

Inkompetenz & Arroganz

Fiby wurde am 04. Februar 2011 kastriert. Da sich unsere Tierärztin die Kastration nicht zutraute, mussten wir dafür, wie auch bei Kallie, in eine andere Tierarztpraxis. Wegen ihrer Krankengeschichte hatten wir uns entschlossen, Fiby vor Beginn der Ranz kastrieren zu lassen, um keinerlei Risiko einzugehen. Ich hatte vor der OP gefragt, ob nur die Eierstöcke entfernt würden oder auch die Gebärmutter. Nein, nur die Eierstöcke. Das kannte ich aber auch nicht anders, also keine Bedenken meinerseits. Nach der OP erklärte mir die Tierärztin, dass alles super verlaufen war.

Nun hatte Fiby seit dem 28. April wieder eine geschwollene Vulva, zeigte leichtes Markierverhalten und war ständig dabei, ihren Bruder zu betüddeln. Am 03. Mai stellten wir sie deshalb wieder beim Tierarzt vor. Uns wurde mitgeteilt, da müsse man dann wohl noch mal nachschauen, manchmal bildeten sich Zysten. Also machten wir einen Termin für den 06. Mai.

Was ich erlebte, als ich sie abholte, war unfassbar und so was von frech, da fehlten mir fast die Worte.

Als ich zur Tierärztin reinkam, bekam ich Folgendes vorgeknallt: *„Sie ist noch nicht ganz wach, Sie müssen noch etwas warten. Ich werde Sie nicht weiter behandeln ... Ich hatte sie kastriert und die Ovarien entfernt, und die sind nun plötzlich wieder da ... Komische Aktion, kein Kommentar ... Sie bekommen noch Medikamente mit."* Dann rannte sie aus dem Zimmer! Ich fragte noch, was sie damit meinte, aber sie war schon weg. Von der Tierarzthelferin bekam ich auch keine Erklärung, nur die Aussage, Fiby war noch nicht wach und hatte Untertemperatur, ich müsste noch eine halbe Stunde warten, sie geben sie nicht raus. Ich ging erst mal an die frische Luft, um meine Gedanken zu ordnen und irgendwie einen Sinn in das alles zu bringen. Ich wusste vor Wut nicht, ob ich heulen oder jemanden verkloppen sollte. Ich holte meinen Freund von zu Hause ab und eine halbe Stunde später waren wir wieder in der Tierarztpraxis. Dort sprang uns auch gleich eine Tierarzthelferin entgegen und sagte, wir könnten Fiby nun mitnehmen. Wir wollten noch mal mit der Tierärztin reden, aber die war angeblich nicht mehr im Hause ...

Zu Hause versorgten wir erst mal Fiby, und dann konnte ich mich mit dem beschäftigen, was die Tierärztin mir da gesagt hatte. Und je länger ich darüber nachdachte, je mehr war ich der Meinung, sie hatte mir vorgeworfen, ich hätte unter Fibys Namen eine andere Fähe für lau kastrieren lassen!

Mal abgesehen davon, dass das absolut unverschämt war, warf das doch einige Fragen auf. Ich wollte das auf keinen Fall auf mir sitzen lassen, doch wie sollte ich beweisen, dass es beide Male dasselbe Tier war? Fiby war nicht gechipt. Andererseits hätte sie doch sehen müssen, dass Fiby schon eine Kastrationsnarbe hatte ... Was um Himmels willen wurde dann bei der ersten Kastration entfernt, wenn es nicht die Eierstöcke waren? Und hätte Fiby dann nicht schon viel früher wieder ranzig werden müssen?

Da wir die Sache richtigstellen und noch ein paar Antworten auf obige Fragen haben wollten, gingen wir ein paar Tage später noch mal zur Tierarztpraxis. Kurz nachdem wir uns angemeldet hatten, nahm uns die Tierarzthelferin zur Seite und erklärte etwas verlegen, dass die Tierärztin nicht bereit sei, mit uns zu sprechen. Na schön, man konnte sie ja nicht dazu zwingen, aber dann wollten wir mit ihrem Chef sprechen.

Der empfing uns dann freundlicherweise auch. Aber ein Urteil über uns hatte er sich längst gebildet, denn er sah es ebenso wie seine angestellte Tierärztin. Wir konnten unsere Unschuld noch so beteuern, wir wurden als Betrüger abgestempelt, auch wenn man uns das nicht offen ins Gesicht sagte. Dafür hieß es dann: „Wir dachten, Sie würden ihre eigenen Tiere nicht auseinanderhalten können." Na wie nett, jetzt hatten wir seiner Meinung nach also nicht mehr vorsätzlich betrogen, sondern waren einfach nur zu blöd.

Ich versuchte, mit Fakten zu argumentieren. Schließlich hätte auffallen müssen, dass Fiby bereits eine Kastrationsnarbe hatte. Ja, das hatte die Tierärztin natürlich gesehen. Aber man war dann davon ausgegangen, dass hier ein anderer Tierarzt geschlampt hatte und sie das nun in Ordnung bringen sollten. Aha, also waren wir nun doch wieder gewiefte Betrüger. Auf die Idee, dass sie selber nicht korrekt kastriert hätten, kam hier keiner. Außerdem wurde mir, wenn auch nicht in einem vollständigen Satz, sondern in Brocken, von der Tierärztin mitgeteilt, dass angeblich beide Eierstöcke noch vorhanden gewesen wären. Wie war das möglich? Wenn dem tatsächlich so war, dann wollte ich wissen, was Fiby bei der ersten Kastration entfernt wurde, wenn nicht die Eierstöcke. Auf diese Frage erhielt ich als Antwort nur ein Lachen.

Wir sahen nun ein, dass dieses Gespräch zu nichts führte, und verabschiedeten uns.

Die betreffende Tierarztpraxis hatte sich schon so einige Dinge geleistet und einige der dort angestellten Tierärzte (man soll ja nicht alle über einen Kamm scheren) waren in meinen Augen absolut inkompetent. Es fing damit an, dass man Tiny dort einschläfern wollte, weil man ihr chronisches Nierenversagen mit den dort gegebenen Mittel und Möglichkeiten nicht mehr behandeln konnte. Es waren sage und schreibe drei Blutbilder nötig, bis überhaupt diese Diagnose stand. Und auch dann war die Tierärztin bis zum Schluss felsenfest davon überzeugt, dass es sich um akutes Nierenversagen handelte und nicht um chronisches, weshalb ich mit meiner Frage, ob nicht ein ACE-Hemmer helfen würde, wochenlang abblitzte. Mein Hinweis, dass homöopathische Mittel helfen würden, wurde mit der Bemerkung abgewatscht, dass man hier mit solchen Mitteln nicht arbeite. Durch die kompetente Hilfe einer Tierheilpraktikerin hatte Tiny noch ein halbes Jahr gelebt.

Dann die Sache mit Fibys Bordetellen-Infektion. Die Tierärztin war ratlos, um was es sich handeln könnte. Doch erst auf unsere Bitte hin wurde Fibys Nasenausfluss untersucht und so die Diagnose gestellt. Als dann trotzdem das zweite Antibiotikum nicht anschlug und wir offenbar zu viele Fragen stellten, wie es jetzt weitergeht und was im schlimmsten Falle geschehen könnte, bekamen wir doch tatsächlich von einer studierten Tierärztin gesagt, wir könnten doch mal im Internet in einem Frettchenforum nachfragen, ob dort jemand schon mal so einen Fall hatte und Rat wüsste ... Es war Aufgabe der Tierärzte, sich um eine Therapiemöglichkeit zu kümmern, nicht die des Besitzers, der beim Tierarzt Hilfe sucht. Nach diesem Vorfall haben wir den Tierarzt gewechselt.

Doch da unsere neue Tierärztin keine Erfahrung mit Frettchen hatte, traute sie sich die Kastrationen nicht zu, und so mussten wir deshalb noch mal zurück. Das werden die schon hinkriegen, dachte ich mir, schließlich arbeitete dort doch eine frettchenerfahrene Tierärztin, wie uns immer wieder gerne gesagt wurde. Bei Kallies Kastration hatte ich allerdings mehrfach etwas deutlicher und sehr bestimmt werden müssen. Es kam schon einige Male vor, dass ich mich brav anmeldete, dann eine gute Stunde im Wartezimmer saß und einfach nicht aufgerufen wurde. Auf meine Nachfrage wurde mir dann jedes Mal mitgeteilt, ja huch, da sind Sie wohl aus dem

System geflogen. Das war diesmal zum Glück nicht so, aber als ich ankam und mich meldete mit den Worten, ich hätte einen Termin, war dort eingetragen, ich käme zum Fädenziehen und nicht zur Kastration! Wieder so eine „Kleinigkeit", die schieflief. Ich war schon recht angesäuert, durfte aber bleiben und die Kastration würde auch stattfinden. Ich sollte nur noch einen Zettel ausfüllen. Dort sollte ich unter anderem bestätigen, dass Kallie mindestens seit zwölf Stunden nichts mehr gefressen hatte. Na das wird doch immer besser. Mal abgesehen davon, dass man mich schon, als ich den Kastrationstermin abgestimmt hatte, darauf hätte hinweisen müssen, dass und wie lange mein Tier nüchtern sein musste, war es schon erstaunlich, wie gut sich die angeblich frettchenerfahrene Tierarztpraxis mit Frettchen so auskannte. Bei der Voruntersuchung erklärte ich der Tierärztin dann, warum Kallie nicht nüchtern war, und das auch nicht sein musste. Natürlich wüsste man das, bekam ich zur Antwort, aber das war eben so ein Formular, das man immer nahm … Als ich Kallie dann wieder abholte, bekam ich den Hinweis, er dürfte erst morgen wieder fressen. Ich verkniff mir eine Antwort dazu. Mein Meckern und Motzen schien aber in Erinnerung geblieben zu sein, denn bei Fibys erster Kastration sollte ich nichts dergleichen unterschreiben, und als ich sie abholte, hatte sie bereits etwas Futter bekommen.

Der nächste Fauxpas ließ aber nicht lange auf sich warten. Fiby und Kallie sollten ihre Impfung bekommen. Da meine Tierärztin den Impfstoff nicht vorrätig hatte, ging es also mal wieder zur alten Tierarztpraxis. Dort wurde dann auch geimpft und man wollte uns in vier Wochen zur Nachimpfung wieder sehen. Fiby und Kallie waren zu diesem Zeitpunkt ein Jahr alt, und so klärte ich die Tierärztin auf, dass Tiere über zehn Wochen auch bei der Grundimmunisierung nur ein Mal geimpft werden müssten und dann in jährlichem Abstand. Nach einem Blick in den Beipackzettel wurde meinen Worten dann auch Glauben geschenkt.

Nun die Sache mit Fiby. Noch nie war mir etwas so Ungeheuerliches unterstellt worden. Und ich konnte meine Unschuld nicht beweisen. Das nagte sehr lange Zeit an mir.

All diese „Erlebnisse" erschütterten mein Vertrauen in die Tierärzteschaft ganz gewaltig. Ich wurde sehr misstrauisch und hinterfragte alles, jede Diagnose, jede Medikamentenverordnung. Ich brauchte sehr lange, um wieder einem Tierarzt zu vertrauen.

Die Vergesellschaftung, Teil II

Da sich Fiby so gut und schnell von der OP erholt hatte, konnten wir die Vergesellschaftung schon bald fortführen. Leider besserte sich Fibys Verhalten entgegen unserer Hoffnung nicht und Sammy war nach wie vor ihr liebstes Stänkeropfer.

Es war Ende Mai 2011 und unser Urlaub stand an. Das nutzten wir für eine Taktikänderung bei der Vergesellschaftung. Zwei Wochen wollten wir wegfahren mit den Frettchen und schauen, ob sie sich auf neutralem Gebiet besser verstehen würden.

Die erste Woche fuhren wir zu meinen Eltern. Das war zwar für Lilly und Sam nicht wirklich neutrales Gebiet, aber wir waren mit den Frettchen schon lange nicht mehr dort und hofften, es würde klappen. Eigentlich wollte ich auch nur, dass Sammy etwas Oberwasser bekam und sich gegen Fiby zur Wehr setzte.

Nach der Ankunft wurden die Frettchen ausgepackt, mit Futter und Wasser versorgt, und dann ließen wir sie erst mal in Ruhe. Etwa eine halbe Stunde später sah ich nach ihnen. Fiby hatte keinerlei Probleme in der neuen Umgebung und war neugierig und voller Tatendrang. Lilly und Sammy schliefen. Aber wo war Kallie? Das Zimmer war klein, es gab keine Versteckmöglichkeiten und in den Kuschelhäuschen war Kallie auch nicht. Er konnte doch nicht weg sein. Unruhe machte sich bei mir breit, irgendetwas stimmte nicht. Ich rief nach Kallie und lockte mit Leckerlis, doch er kam nicht. Im Zimmer stand ein Bett, was nur etwas kürzer war als das Zimmer breit. Eventuell war er in den Bettkasten gekrochen, das war auch Tinys Lieblingsort gewesen. Nein, dort war er nicht. Das Bett war an die Wand gestellt, aber wegen der Teppichleiste blieb zwischen Bett und Wand eine Spalte, die etwa zwei Finger breit war. Da würde der dicke Kallie niemals durchpassen. Trotzdem schaute ich dort nach und fand Kallie! Er rührte sich nicht, und ich konnte ihn nicht greifen, weil der Spalt zu schmal war. Ich rief nach meinem Freund, und der rückte das Bett beiseite und wir konnten Kallie befreien. Der arme Kerl wirkte abwesend und hing schlaff in meinen Armen. Seine Fußballen waren kreidebleich. Er bekam sofort homöopathische Notfalltropfen. Ich hielt ihn auf dem Arm und redete leise mit ihm und streichelte ihn. Schon nach fünf Minuten wirkten die Tropfen. Kallies Füße wurden wieder rosa und es kam wieder Leben in ihn. Nachdem Kallie seinen Schock überwunden hatte, konnte ich mich nun von meinem erholen. Frettchen bringen mich noch mal ins Grab.

Wir konnten uns nicht wirklich erklären, wie es zu diesem Zwischenfall kommen konnte. Die plausibelste Erklärung wäre, dass Kallie auf das Bett geklettert und von dort irgendwie in den Spalt gerutscht war und nicht mehr allein herauskam. Wir stopften eine Decke in den Spalt zwischen Bett und Wand und hofften, dass wir von weiteren Ereignissen dieser Art verschont blieben.

Bei meinen Eltern gab es ja den Auslauf, wo die Frettchen toben und buddeln konnten. Wir waren gespannt, wie sich Kallie und Fiby in „freier Natur" verhalten würden. Lilly und Sam kamen sofort aus dem Kennel und Fiby und Kallie folgten eigentlich recht zügig nach. Dann kam das, was immer kommt, wenn die Frettchen längere Zeit nicht im Auslauf gewesen waren, und zwar zeitgleich bei allen vieren. Kaum waren sie draußen, zack!, wie auf Kommando wurden die Haare aufgestellt. Und zwar nicht nur die am Schwanz, nein, es wurden sämtliche zur Verfügung stehenden Haare gesträubt, und die Herrschaften liefen auf Zehenspitzen und schüttelten sich alle paar Schritte, so nach dem Motto: „Boah, nee, die doofen Nachbarkatzen waren schon wieder hier!"

Nach ein paar Minuten Schütteln und durch die Gegend Staksen beruhigten sich die Frettchen aber wieder, und nun ging es ans Arbeiten. Lilly und Sam suchten sich sofort jeder eine Stelle zum Buddeln. Die Lütten schauten sich das erst mal an, aber schon bald machten sie mit und waren mit wahrer Begeisterung bei der Sache. Die Erde flog in alle Richtungen und es wurden Gänge gegraben ohne Ende. Alle vier hatten viel Spaß und durften buddeln bis zum Umfallen.

Nach einer Woche ging es wieder nach Hause, und Fibys erste Amtshandlung dort war, Sammy durch die Bude zu scheuchen und zu drangsalieren. Bisher hatte unser Plan also nicht funktioniert. Doch noch gaben wir nicht auf. Bereits drei Tage später machten wir uns auf den Weg zum Frettchenbungalow, wo Lilly und Sam bereits letztes Jahr viel Spaß hatten.

Wie bei den vorangegangenen Urlauben hier brachte Lilly auch diesmal ihre Begeisterung lautstark zum Ausdruck. Hüpfend und muckernd drehte sie mit leuchtenden Augen eine Runde durch den Bungalow und den Garten und wälzte sich dann dort genüsslich im feuchten Gras. Auch Sammy war deutlich anzumerken, dass er alles wiedererkannte und sich hier wohlfühlte. Es ist schon erstaunlich, was für ein Langzeitgedächtnis Frettchen haben – unser letzter Besuch war neun Monate her.

Fiby war sehr interessiert und inspizierte alles ganz genau. Kallies Hauptaugenmerk galt vor allem den vorhandenen Deckungsmöglichkeiten, wofür sich die eingegrabenen Röhren natürlich hervorragend eigneten. Das unterirdische Röhrensystem war für die Frettchen ein Riesenspaß. Kleiner Nachteil für uns Zweibeiner – wenn die Frettchen dort nicht mehr rauskommen wollten, hatten wir keine Chance, sie zu greifen, da die Röhren länger waren als unsere Arme. Den ersten Tag kam Fiby mehrfach mit verklebtem Fell und verklebtem Mäulchen aus dem Erdlabyrinth. Es war eine gallertartige durchsichtige Masse, die nur schwer zu entfernen war. Ich machte mir Sorgen, was sie dort unten gefunden hatte und ob es gefährlich (giftig) sein könnte. Fiby ging immer wieder dort runter und kam verklebt zurück. Ich überlegte, ob sie dort unten vielleicht einen toten Frosch gefunden hätte. Einige Zeit später lüftete Fiby das Geheimnis, denn sie brachte das Objekt der Begierde mit nach oben. Es war eine Nacktschnecke. Ich ging davon aus, dass die Schnecke nicht giftig war, trotzdem nahmen wir Fiby ihr „Spielzeug" weg.

Lilly und Sam wussten noch ganz genau, wie die Katzenklappe funktionierte, und nutzten sie, als wäre es das Normalste auf der Welt. Fiby und Kallie lernten die Benutzung durch Nachahmung. Sie schauten den Großen ein, zwei Mal dabei zu, und schon hatten sie den Dreh raus. Am zweiten Tag schlug das Wetter etwas um, und es wurde gegen Abend deutlich kühler und stürmisch, sodass wir beschlossen, dass die Frettchen diese Nacht im Bungalow bleiben sollten und nicht raus in den Käfig durften. Daher wurde die Katzenklappe verriegelt. Das passte den Monstern aber gar nicht, und vor allem die Damen randalierten heftig, aber es half nichts, die Klappe blieb zu.

Am nächsten Morgen wurde die Katzenklappe wieder geöffnet und alle Frettchen spurteten sofort ins Außengehege. Alle Frettchen? Nein, Kallie nicht. Er hatte zwar gesehen, wie die anderen durch die Klappe liefen, aber er war argwöhnisch. Ich bewegte die Katzenklappe und zeigte ihm, dass sie wieder offen war. Er schaute die Klappe an, dann mich und dann wieder die Klappe und bewegte sich noch immer nicht. Sein Blick schien zu sagen: „Nee, nee, ihr wollt mich wohl veräppeln. Die ganze Nacht hab ich mir den Kopf an dem Ding gestoßen und jetzt soll ich da wieder gegenrennen?!" Zumindest sah es so aus, als hätte er diese Gedanken. Ich amüsierte mich köstlich über seinen Gesichtsausdruck. Nachdem mein Lachanfall vorüber war, schnappte ich mir den Dicken und ließ ihn durch die Terrassentür ins Freie. Beim nächsten Versuch nutzte er die Katzenklappe dann wieder und für den Rest des Urlaubs musste diese auch nicht mehr wetterbedingt geschlossen werden.

Obwohl die Frettchen ihren Spaß und durch die neue Umgebung viel Ablenkung und Beschäftigung hatten, ging unser Plan wieder nicht auf. Lilly und Fiby zankten sich wie eh und je und auch Sammy bekam von Fiby immer noch einen auf die Mütze. Der machte mir auch sonst etwas Sorgen. Seit zwei Tagen schlief er eigentlich nur noch und stand nur auf, um zu fressen oder aufs Klo zu gehen. Ansonsten kapselte er sich von den anderen ab. Außerdem fiel mir auf, dass er viel zitterte und sich sehr warm anfühlte. Er schlief nur im Haus und dort in einer dicken Decke, während die anderen drei lieber draußen schliefen. Ich hatte immer eine Reiseapotheke für kleinere Notfälle dabei, die unter anderem Notfalltropfen und andere homöopathische Mittel, Krallenschere, Schmerzmittel und auch ein Fieberthermometer beinhaltet. Am zweiten Tag war er immer noch so ungewöhnlich warm und ich maß daher morgens bei ihm die Temperatur. Er hatte 39 Grad Celsius, also leicht erhöhte Temperatur, was mich unruhig machte. Wir fragten unsere Gastgeber nach ihrem Tierarzt und fuhren nachmittags mit Sammy dorthin. Nun hatte er bereits eine Temperatur von 39,7 und somit Fieber. Er bekam ein Antibiotikum und ein Fieber-/Schmerzmittel. Bereits am Abend hatte er wieder Normaltemperatur, und am nächsten Tag ging es ihm schon etwas besser, er buddelte sogar schon wieder kurz im Garten. Zwei Tage zuvor hatten die Frettchen allesamt morgens im strömenden Regen getobt. Ich hatte sie danach zwar abgetrocknet, aber wahrscheinlich hatte sich Sammy dabei doch was weggeholt.

Nach einer Woche, die wieder viel zu schnell vergangen war, ging es wieder heimwärts. Wie gesagt, gab es hinsichtlich des Verhaltens von Fiby gegenüber Sammy keine nennenswerte Verbesserung. Doch eine Veränderung gab es, diese fiel mir jedoch erst ein paar Tage später auf. Lilly und Fiby vertrugen sich plötzlich viel besser. Es gab, seit wir wieder zu Hause waren, eigentlich keine Zankereien zwischen unseren Damen mehr, und sie schliefen nun auch oft zusammen, ohne dass es Gezeter gab. Und noch etwas

Erstaunliches. Lilly tobte ja bereits regelmäßig mit Kallie. Der wurde mit der Zeit auch immer mutiger und auch übermütig und ziemlich rabiat. Anstatt den Knilch dann in seine Schranken zu verweisen, wie sie es bei Fiby garantiert getan hätte, ließ sich Lilly von Kallie alles gefallen und zeterte nur, anstatt ihm ordentlich den Marsch zu blasen. Der kleine Kerl genoss Narrenfreiheit bei ihr. Frettchen sind doch immer wieder für eine Überraschung gut. Leider mussten wir kurz darauf die Vergesellschaftung schon wieder unterbrechen.

Aller guten Dinge sind drei

Trotz Nachkastration Anfang Mai gab es immer noch Probleme. Fiby kam einfach nicht aus der Ranz. Die Vulva war immer noch geschwollen, sie markierte und betüddelte den armen Kallie immer noch in einer Tour. Darum musste sie am 17. Juni 2011 zum zweiten Mal nachkastriert werden. Die dritte OP für die zierliche kleine Maus seit Anfang Februar.

Natürlich erfolgte dieser Eingriff bei einem anderen Tierarzt. Wer schon zwei Mal Mist gebaut hatte und das dann auch noch vertuschen wollte, bekam keine Gelegenheit, ein drittes Mal an meinem Tier herumzupfuschen. Ich hatte mir von einer Frettchenhilfe einen erfahrenen Tierarzt in Hamburg empfehlen lassen. Hamburg war zwar nicht weit weg, trotzdem ging für einen Tierarzt-Termin dort immer ein Urlaubstag drauf. Da ich arbeiten musste, brachte mein Freund Fiby zum OP-Termin.

Nach der fast anderthalbstündigen OP rief der Tierarzt mich an. Fiby hatte alles gut überstanden und wachte gerade auf. Da die OP recht schwierig war, wollte er sie aber gern noch zwei Stunden unter Beobachtung haben, bevor mein Freund sie wieder abholen konnte. Auf der rechten Seite hatte der Tierarzt noch Restgewebe gefunden. Dort hatte sich auch eine etwa kichererbsengroße Zyste gebildet, die zu allem Unglück auch noch mit dem Dickdarm verklebt war. Der Tierarzt konnte die Zyste jedoch entfernen. Auf der linken Seite war er sich nicht sicher, ob noch Restgewebe vorhanden war. Zur Sicherheit hatte er auch hier „nachgearbeitet". Und da die Gebärmutter nicht ganz so aussah, wie sie sollte, wurde diese auch entfernt.

Am Tag der OP war Fiby völlig fertig, was nicht weiter verwunderlich war. Sie war sehr müde und froh, wenn sie Futter und Wasser am Kuschelkörbchen angeboten bekam und dafür nicht aufstehen musste. Sie wurde von den anderen getrennt, damit sie ihre Ruhe hatte und weder klettern noch springen oder toben konnte. Mehrmals am Tag durfte sie sich die Beine vertreten. Bereits nach zwei Tagen war sie schon wieder so fit, dass sie anfing, auf Stühle zu klettern, was sie natürlich nicht sollte wegen der frischen Narbe. So musste man ständig hinter ihr herlaufen und darauf achten, dass sie sich nicht übernimmt.

Die Narbe war fingerlang, schön trocken und nicht entzündet. Fiby werkelte auch nicht daran herum. Ich hatte ja nun schon viele Frettchen kastrieren lassen, und zum Glück war bisher keines dabei, das an der frischen Narbe herumgespielt hätte. Im Internet konnte man leider immer mal wieder Geschichten lesen, dass sich frisch kastrierte Fähen die Naht aufgepult hatten, irgendwo hängen geblieben waren oder die Naht sogar von allein wieder aufging. Leider endete das hin und wieder mit dem Tod des Tieres.

Der Tierarzt hatte uns alles, was er Fiby entfernt hatte, mitgegeben. Die Zyste war riesig, fast wie eine kleine Kirsche. Erschreckend, dass sie sich innerhalb von nur sechs Wochen gebildet hatte.

Fibys Genesung verlief gut. Schon nach ein paar Tagen wurde die Vulva kleiner. Sie war nun auch wieder bereit, mit Kallie zu toben, anstatt ihn nur zu putzen und ihn am Schlafittchen durch die Gegend zu zerren.

Endlich geschafft

Nachdem Fiby nun endlich wirklich kastriert war, konnte man wieder Änderungen im Verhalten der Frettchen untereinander feststellen. Fiby wurde noch etwas verträglicher, einen Hang zum Stänkern schien die kleine Kröte aber von Natur aus zu haben, denn ganz ablegen konnte sie dieses Verhalten nicht.

Auch Sammy hatte sich verändert und mehr Selbstvertrauen gefasst. Es kam jetzt immer öfter vor, dass er dazwischenging, wenn Lilly und Fiby sich stritten. In der Regel war das bei den Damen mit viel Gekeife und Gezeter verbunden. Wenn Fiby dann Oberwasser bekam und Lilly sehr jämmerlich quiekte, dann war Sammy neuerdings sofort zur Stelle und ging dazwischen. Er sprang Fiby, ohne zu zögern, ins Kreuz, drängte sie von Lilly weg und schleifte sie, ohne auch nur einen Ton der Angst von sich zu geben, quer durchs Zimmer. Als ich das das erste Mal sah, traute ich meinen Augen kaum, war aber mindestens genauso stolz auf seine Tat wie Sammy selbst.

Ende Juli 2011 konnte ich dann endlich zum ersten Mal verzückt feststellen, dass nicht nur Lilly, sondern auch Sammy jetzt die Welpen regelmäßig zum Toben aufforderte. Es war einfach zu schön zu sehen, wie alle vier jeden Zwei- und Vierbeiner antobten und zum Mitmachen aufforderten, der ihnen gerade über den Weg lief. Da sprangen nun vier glückliche Frettchen mit leuchtenden Augen durch die Bude und die Dosenöffner saßen daneben und waren einfach nur happy. Auch sonst waren die vier Chaoten ein Herz und eine Seele geworden. Fast immer schliefen sie nun zusammen, und es war zu niedlich, sie alle auf einem Haufen in den Decken schlafen zu sehen und auf den ersten Blick nicht zu erkennen, wo der eine anfängt und der andere aufhört.

Vier Monate hatte es gedauert bis zu diesem Moment. Seit zehn Monaten waren Fiby und Kallie bei uns. Wäre Fiby nicht so schwer krank gewesen und wäre die Kastration gleich bei der ersten OP vernünftig durchgeführt worden, hätten wir schon einige Monate früher eine harmonische Gruppe gehabt. Aber dann hätte ich ja nicht so viel zu erzählen gehabt ...

Einmal quer durch alle Gewichtsklassen

Jedes Frettchen ist einzigartig – so unterschiedlich sie im Charakter sind, so unterschiedlich sind sie auch in puncto Gewicht. Ich hatte bisher elf Frettchen, und alle lagen in Größe und Gewicht eher im Mittelfeld. Sicher war mal ein Tier etwas zierlicher oder eben etwas größer als die anderen, aber ich hatte nie wirkliche „Ausreißer" dabei wie 400-Gramm-Fähen oder 2,5-Kilo-Rüden. So etwas soll es ja geben, ich hatte es zum Glück noch nicht, und ich bin auch froh darüber.

Meine Frettchen wurden jede Woche gewogen, Welpen und kranke Tiere öfter. So konnte man am besten erkennen, ob etwas „im Busch" war oder es sich nur um die jahreszeitlich bedingte Zu- oder Abnahme handelte. Aber auch Letzteres konnte sehr spannend sein und von Tier zu Tier sehr unterschiedlich ausfallen.

Im Sommer waren meine Frettchen schlank und drahtig. Sie hatten kein Gramm Fett am Körper, aber Muskeln ohne Ende. Im Winter waren sie etwas moppelig, aber das durften sie auch sein. Fette Frettchen im Sommer sind mir ein Graus. Sicher konnte es Veranlagung sein, wenn ein Frettchen trotz ausreichend Bewegung und artgerechtem Futter auch im Sommer etwas fülliger war, aber das dürften Ausnahmen sein. Bei Besitzern, die ihre Tiere täglich mit Paste, Babybrei oder Catmilk vollstopften und sich über die Pummelchen freuten, die dann japsend nach Luft schnappten, konnte ich nur den Kopf schütteln. Gut für das Tier war das nicht.

Meine Rüden hatten in ihrem ersten Winter, also mit Babyspeck und noch unkastriert, ein Maximalgewicht zwischen 1.440 Gramm (Pepper) und 1.950 Gramm (Merlin). Merlin war aber auch ein wirklich stattlicher Rüde und sein Spitzname weißer Riese kam nicht von ungefähr. Dass Pepper der Leichteste war, war für mich schon erstaunlich, denn eigentlich hatte ich gedacht, dass Kallie hier den Sieg holte. Pepper war ein sehr langer Rüde, Kallie dagegen war deutlich kürzer als alle meine Jungs. Von daher war es nicht verwunderlich, dass Kallie zumindest das geringste Sommergewicht aller Rüden hatte. Ich hatte noch nie einen Rüden, der im Sommer unter 1.000 Gramm hatte – bis Kallie kam. Er hatte bis auf 950 Gramm abgenommen. Trotzdem sah er nicht dünn aus, denn, wie gesagt, war Kallie sehr kurz geraten und hatte zudem noch superdichtes Fell. Der lange Lulatsch Sammy dagegen hatte im

Sommer gut hundert Gramm mehr als Kallie, sah aber trotzdem aus wie ein Hungerhaken.

Meine Fähen hatten bisher Wintergewichte (unkastriert) von 845 Gramm (Fiby) bis 1.070 Gramm. Siegerin im „Miss Wintermoppel"-Wettbewerb war damit Lilly. Keine andere Fähe hatte davor oder danach je wieder die 1.000-Gramm-Marke geknackt. Lilly war auch die einzige, die stets und ständig ein kleines Bäuchlein hatte. Im Sommer lagen die Gewichte der Damen bei 545 bis 800 Gramm (natürlich Lilly). Federgewicht Tiny musste sich Fiby geschlagen geben.

Die meisten Frettchen, egal ob Rüde oder Fähe, erreichten nach meinen eigenen Erfahrungen das Wintergewicht ihres ersten Winters, wo sie in der Regel noch unkastriert waren und ordentlich Babyspeck hatten, in den darauffolgenden Wintern nicht wieder. Der größte Unterschied war da natürlich bei den Rüden festzustellen. Merlin hatte da auch kastriert die Nase vorn mit 1.700 Gramm in der kalten Jahreszeit. Bei den Fähen war es, wen wundert's, Lilly mit 920 Gramm.

Irgendwas ist immer

Der eine oder andere wird das sicherlich kennen – so richtig Ruhe hat man als Frettchenhalter nie, irgendwas ist immer. So war das auch bei uns. Ich rede jetzt nicht von großen Katastrophen, aber die kleinen Monster halten einen doch gerne in Atem. Hier ein paar kleine Anekdoten.

Frettchen lassen sich ja bekanntlich nicht erziehen wie Hunde, doch man konnte ihnen schon in gewissem Maße begreiflich machen, was sie tun oder auch lassen sollten. Bei uns war es zum Beispiel so, dass die Tiere nicht auf den Couchtisch durften. Das hatte bisher auch immer gut geklappt. Machen wir uns nichts vor, ich bin mir durchaus bewusst, dass sich die kleinen Kobolde nur an diese Regel hielten, solange die Zweibeiner im gleichen Raum waren, aber immerhin. Dann kamen Fiby und Kallie. Die beiden hatten beschlossen, dass diese Regel ja wohl nicht für sie gelten konnte, und sie konsequent ignoriert. Wir konnten sie noch so oft vom Tisch runterholen, schimpfen, im Nacken nehmen – das war den beiden total egal. Nach einigen Monaten gaben wir entnervt auf. Nun, wo es erlaubt war, wollten die beiden gar nicht mehr so oft auf den Couchtisch wie vorher, aber sie nutzten es doch hin und wieder. Es war mehr als spannend, nun Lilly und Sammy zu beobachten. Sie hatten ja schließlich gelernt, dass sie nicht auf den Tisch durften, und ließen das auch brav sein. Dass die beiden Lütten sich dort nun aber ungestraft tummeln durften, verunsicherte unsere beiden Großen doch etwas. Der Tisch war sehr verlockend, und so standen Lilly und Sammy immer mal wieder auf der Couch, bereit zum Sprung, aber weil wir danebensaßen, trauten sie sich nicht und wippten nur unsicher mit dem Hinterteil auf und ab, um die Balance zu halten. Man konnte quasi sehen, wie sie innerlich abwägten und mit sich kämpften. Wir hatten natürlich längst besprochen, dass der Couchtisch entweder für alle Tiere freigegeben wurde oder gar nicht. Trotzdem wollten wir Lilly und Sam nicht dazu ermutigen. Wenn sie auf den Tisch sprangen, griffen wir aber auch nicht ein. Es dauerte eine Zeit lang, bis Lilly und Sam sich trauten, aber nun waren sie genauso oft auf dem Tisch wie die beiden Kleinen, auch wenn man bis heute den Eindruck hat, dass sie irgendwie ein schlechtes Gewissen dabei hatten, zumindest wenn wir direkt danebensaßen.

Na schön, dass ich den „Kampf" um den Couchtisch verloren hatte, konnte ich verschmerzen, aber der nächste Coup von Fiby und Kallie passte mir überhaupt nicht. Sie hatten sich im wahrsten Sinne des Wortes „höhere" Ziele gesteckt. Ihr Augenmerk fiel auf den Esstisch. Der Esstisch war so ziemlich meine einzige Chance, im Wohnzimmer frische Blumen oder Gestecke aufzustellen, weil er für die Frettchen unerreichbar war und sie sich eigentlich auch nicht wirklich für ihn interessierten. Wir hatten natürlich die Frettchen immer im Hinterkopf und dementsprechend „frettchensichere" Stühle zum Esstisch gewählt. Die Stühle waren aus glattem Holz und die Sitzfläche war mit Mikrofaser bezogen, also nichts, an dem sich die Frettchen mit den Krallen festhalten konnten. Insoweit ging unser Plan auch auf. Allerdings hatten die Stühle eine Querstrebe etwa eine Handbreit unter der Sitzfläche. Das war die Achillesferse. Fiby wollte immer überall rauf, kletterte für ihr Leben gern und hatte, selbst wenn es im ersten Anlauf nicht klappte, eine enorme Ausdauer. Sie hüpfte dann minutenlang und versuchte, irgendwo hinauf zu kommen. Wahrscheinlich hatte sie es dabei durch Zufall hin und wieder geschafft, mit den Hinterbeinen auf die Querstrebe zu kommen, konnte sich dann abstoßen und weiter auf den Stuhl springen, und von da war es ja ein Leichtes, auf den Tisch zu kommen. Kallie hatte sich das bei seiner Schwester abgeschaut und kam nun auch auf den Esstisch. Fiby war die Kleinste und Kallie der Dickste aus unserer Vierertruppe, aber gerade die beiden kamen auf den Tisch. Lilly und Sam interessierte der Esstisch überhaupt nicht. Egal, selbst wenn nur ein Frettchen auf den Tisch kam, Blumen oder Deko konnte ich dort nun nicht mehr hinstellen, und das ärgerte mich schon sehr.

Auch als sie diese Bastion eingenommen hatte, war Fiby noch nicht zufrieden. Als Nächstes nahm sie den Käfig in Angriff. Der war mit 1,50 Meter Höhe ein offenbar sehr verlockendes Ziel. Um zu verhindern, dass Fiby oder ein anderes Frettchen am Gitter den Käfig hinaufkletterte, hatten wir bereits vor geraumer Zeit auf Höhe von einem halben Meter einen zwanzig Zentimeter breiten Streifen Plexiglas vor das Gitter geschraubt. Trotzdem saß Fiby immer mal wieder auf dem Käfig, wenn wir ins Frettchenzimmer kamen. Und sie saß dann dort oben fest, denn wie sie wieder runterkommen sollte, wusste sie nicht. Solange wir nicht wussten, wie sie hochkam, konnten wir auch nicht nachbessern. Also mussten wir uns eine Zeit lang auf die Lauer legen. Fiby war ja nicht dumm und wusste, dass sie Ärger bekam, wenn sie auf den Käfig kletterte. Also machte sie das natürlich nicht, wenn wir danebenstanden. Aber eines Tages erwischte ich sie doch dabei. Man soll gar nicht denken, wie clever Frettchen sein können. Fiby hatte schnell festgestellt, dass ihr der Plexiglasstreifen beim Hochklettern im Weg war. Also ging sie in die erste Etage des Käfigs, wo das Plexiglas endete, und sprang von dort an die geöffnete Käfigtür und kletterte dann weiter nach oben. Gleich am nächsten Tag wollte mein Freund noch einen Plexiglasstreifen am oberen Ende der Käfigtür befestigen, doch das wäre beinahe zu spät gewesen. Als ich morgens die Frettchen rausließ, um zu füttern und sauber zu machen, kam mir Fiby nicht, wie sonst immer, schon entgegen. Fiby war eine Frühaufsteherin, sobald sich nur etwas in der Wohnung regte, war sie wach. An diesem Tag nicht. Auf den ersten Blick konnte ich sehen, dass sie über Nacht wieder oben auf dem Käfig gewesen war, denn dort war Unordnung. Nach und nach kamen Lilly, Sammy und Kallie aus den Decken und begrüßten mich. Fiby ließ auf sich warten. Ich schaute nach ihr und fand sie zusammengerollt in der Kuschelecke. Als ich sie hochnahm, zog sie ein Hinterbein ganz dicht an den Körper an. Beim Abtasten war sie gereizt und schnappte nach mir. Ich setzte sie runter. Die ersten zwei Schritte knickte sie stark weg, dann kam sie etwas in Gang, humpelte hinten aber stark. Ob sie abgestürzt oder vom Käfig gesprungen war, blieb ihr Geheimnis. Sie hatte jedoch eindeutig Schmerzen. Also fuhr ich mit ihr zum Tierarzt. Gebrochen war zum Glück nichts, und nach Auskunft des Docs waren auch keine Schmerzmittel nötig, nur ein paar Tage Ruhe. Frettchen und Ruhe, das sind zwei Gegensätze, wie sie größer nicht sein könnten. Wenn es nach mir gegangen wäre, hätte Fiby die nächsten zwei Tage im Käfig verbracht, oder wir hätten ihr einen kleinen Bereich im Frettchenzimmer abgetrennt, damit sie weder springen noch klettern konnte. Aber mein Freund war absolut dagegen, dass seine geliebte kleine Fiby „eingekerkert" wurde. Nach ein paar Tagen war es dann auch so erledigt und Fiby war wieder ganz die Alte. Der Käfig wurde natürlich noch am selben Tag wie geplant umgebaut. Jetzt hatte sie keine Chance mehr, nach oben zu klettern.

Nicht nur Fiby hatte Flausen im Kopf, Kallie konnte uns genauso gut in Sorge versetzen. Alles, was wir Zweibeiner machten, war ja potenziell interessant für die kleinen Monster. Auch wenn es sich um so banale Sachen wie Kartoffelschälen handelte. Mein Freund konnte gar nicht so schnell gucken, wie Kallie auf dem Tisch in der Schüssel mit den Kartoffelschalen und mit der Beute verschwunden war. Mein Freund ließ natürlich gleich alles fallen und hechtete dem Dieb hinterher. Aber bevor er Kallie erwischte, hatte dieser bereits ein kleines Stück Schale gefressen. Dass Frettchen rohe Kartoffeln nicht verdauen können, wusste ich. Aber was, wenn sie giftig waren. Man soll gar nicht denken, was alles giftig für Tiere sein konnte. Rosinen können bei Hunden zu Nierenversagen führen. Teebaumöl oder sogar bestimmte Düfte von Duftkerzen können dieses bei Katzen auslösen. Ich setzte mich also an den Computer und bemühte in einigen Frettchenforen die Suchfunktion und googelte mir einen Wolf. Nach etwa einer Stunde war ich mir ziemlich sicher, dass rohe Kartoffeln wohl nicht giftig waren. Blieb noch die Sache mit dem Darmverschluss. Kallie hatte nur ein kleines Stückchen gefressen, vielleicht bereitete es ihm daher keine Probleme. Trotzdem durchsuchte ich in den nächsten beiden Tagen jeden Kothaufen auf eventuell ausgeschiedene Kartoffelschalenreste. Finden konnte ich nichts. Und Kallie ging es blendend. Von daher ging ich davon aus, dass wir noch mal Glück gehabt hatten.

Economy-, Business-, First Class – Reisen mit Frettchen

Diejenigen, die schon länger Frettchen haben, werden das sicherlich kennen – irgendwann hat man mehr Kennel als Frettchen und konnte damit eigentlich schon fast handeln.

Bei der Anschaffung der Frettchen stand auf meiner Liste für die Erstausstattung natürlich auch ein Kennel. Also legte ich mir ein kleines, einfaches und handliches Transportbehältnis zu, es sollte ja eigentlich nur für Tierarztbesuche sein. Kuscheldecke rein und gut war. Als ich meine Gruppe vergrößert hatte, musste ein neuer Kennel her. Der sollte nicht nur etwas größer sein, sondern auch praktischer. Also besorgte ich mir ein Modell, welches auch oben eine Öffnung hatte, sodass man, wenn mehrere Frettchen im Kennel waren, nur eines rausholen oder reinpacken konnte, ohne dass die anderen stiften gingen. Als ich aber meine zwei Gruppen mit insgesamt sechs Tieren hatte, war auch das nicht mehr ausreichend. Ich musste nun, wenn ich unterwegs war, mit zwei Kenneln reisen. In einem waren zwei Frettchen untergebracht, im anderen vier. Für diese Vierergruppe waren meine vorhandenen Kennel zu klein. Kennel, die in der Höhe größer werden, findet man recht einfach. Ich wollte aber einen, der breiter wurde, damit die Tiere mehr Platz hatten, was etwas schwierig war. Schlussendlich fand ich ein Modell, was auch gekauft wurde. Sehr stabil war das Teil allerdings nicht, obwohl es angeblich sogar flugtauglich sein sollte. Ich sicherte es mit einem Gurt, um etwas mehr Stabilität zu erhalten, und dann war es ganz okay.

Als ich öfter mit den Tieren unterwegs war und auch längere Strecken fuhr, wurde natürlich ein Upgrade vorgenommen. Einfach nur eine Kuscheldecke reichte nicht mehr, die Frettchen sollten es schon etwas komfortabler haben. Also wurden die Kennel nun mit Hängematte, einem kleinen Klo und einer Nippeltränke ausgestattet.

Nun, wo ich mit Lilly, Sammy, Fiby und Kallie „nur" vier Frettchen hatte, war eigentlich mein großer Kennel ausreichend. Aber bei längeren Reisen mussten wir die Tiere trotzdem immer auf zwei Kennel aufteilen, weil Fiby und Lilly gerne mal stänkerten. Auf Dauer war aber das Reisen mit zwei Kenneln und außerdem Gepäck für zwei Menschen doch recht anstrengend. Außerdem war selbst der große Kennel mit 38 cm nicht so hoch, dass ein Tier problemlos das Klo nutzen konnte, wenn die anderen darüber in der Hängematte lagen. Auch wenn ich durch meine ehrenamtliche Tierschutzarbeit im Laufe der Zeit einige Kennel durch Abgabetiere „geerbt" hatte, war da nichts Passendes dabei. Also war es wieder Zeit für was Neues.

Nachdem wir einige Fachgeschäft durchstöbert hatten, entschieden wir uns für einen stabilen Hundekennel mit den Maßen 71 x 54 x 52 cm (L x B x H). Er musste nur noch etwas umgebaut werden. Auf halber Höhe wurde mittels eines dünnen Brettes eine Etage eingezogen. In der unteren Etage wurde ein Klo befestigt, im Obergeschoss war der Schlafplatz. Nur noch Nippeltränke und Futternapf ans Gitter hängen und fertig war die 1a-Reiseunterkunft. Da der Kennel so schön hoch war, gab es nun auch keine Probleme mehr, wenn die Tiere aufs Klo mussten.

Akzeptiert hatten die Frettchen den neuen Kennel in null Komma nix. Alles Neue ist ja spannend, und so wurde die neue Unterkunft sofort in Beschlag genommen und für gut befunden.

Lillys letzter Kampf

Ende März 2012 hatte Lilly eines Tages plötzlich angefangen zu humpeln. Morgens war noch alles in Ordnung, und nachmittags humpelte sie vorne so stark, dass sie fast umfiel. Beim Auftreten knickte sie bis zur Schulter ein. Nach ein paar Schritten ging es etwas besser, war aber trotzdem nicht okay. Also ab zum Tierarzt. Dort wurde sie gründlich abgetastet und der Tierarzt sah sich ihr Gangbild an. Dummerweise humpelte Lilly nun nicht mehr so extrem. Typisch Frettchen – in ungewohnter Umgebung ist alles so spannend, dass man sogar seine Schmerzen vergisst. Der Tierarzt und auch mein Freund waren der Meinung, dass Lilly nicht nur vorn humpelte, sondern auch hinten Probleme hatte. Offenbar hatte sie sich den Rücken verrenkt. Keine Ahnung wie, Lilly kletterte nicht großartig, aber so was konnte ja schon passieren, wenn die Frettchen mal nach einem Sprung ungünstig landeten. Lilly bekam ein Mittel zum Abschwellen gespritzt und sollte die nächsten Tage ein leichtes Schmerzmittel bekommen.

Bereits zwei Tage später waren wir wieder beim Tierarzt, weil Lilly nun auch hinten deutlich humpelte. Das Röntgenbild zeigte, dass keine Knochenbrüche vorlagen und mit der Wirbelsäule auch alles in Ordnung war. Aber es war eine Verschattung vor dem Herzen zu sehen. Der Tierarzt meinte, es lag ein Herzproblem vor, und verordnete entsprechende Medikamente. Er meinte, Lillys Probleme beim Laufen würden vom Herzen kommen. Ich sah das nicht so. Ich hatte schon herzkranke Frettchen und Lilly zeigte absolut keine typischen Symptome. Eine Hinterhandschwäche konnte auf ein Herzproblem hinweisen, aber Lillys Humpeln war mehr als nur eine Hinterhandschwäche.

Entgegen der Weisung vom Tierarzt setzte ich das Schmerzmittel nicht ab, sondern holte mir zwei Tage später eine zweite Meinung von einem frettchenerfahrenen Tierarzt ein. Der hörte Lilly gründlich ab und konnte den Herzfehler nicht bestätigen! Er tippte auch auf ein Problem mit dem Rücken. Zur Sicherheit wollte er aber das Röntgenbild anfordern.

Damit Lilly sich nicht noch mehr wehtat, wurde der Käfig zur Tabuzone erklärt, da sie dort einfach zu viel springen und klettern konnte. Die anderen drei mussten da mit durch, denn wir machten den Käfig einfach zu. Im Frettchenzimmer gab es genug andere

Schlafmöglichkeiten, ebenso wie im Wohnzimmer, wovon die Monster aber leider fast nie Gebrauch machten. Die Frettchen fanden das nicht so toll, denn ihr liebster Schlafplatz war in der obersten Etage des Käfigs, und dort konnten sie nun nicht mehr hin. Es dauerte ein paar Tage, bis sie sich damit abgefunden hatten. Doch dann wurden auch die anderen Schlafplätze regelmäßig genutzt.

Nach einer Woche ging es Lilly deutlich schlechter. Sie zitterte stark, schlief fast nur, humpelte nach wie vor hinten stark und kniff oft die Augen zusammen. Abends kam sie mir plötzlich sehr dünn vor, und so setzte ich sie auf die Waage und fiel fast vom Glauben ab. Wir hatten die Frettchen gerade erst vor 5 Tagen gewogen, da war Lillys Gewicht noch völlig in Ordnung. Nun hatte sie aber innerhalb dieser kurzen Zeit mehr als einhundertdreißig Gramm abgenommen. Ich hatte sie immer mal am Futternapf gesehen, aber offenbar hatte sie nicht wirklich viel gefressen. Ich gab ihr nun (nach Rücksprache mit dem Tierarzt) ein stärkeres Schmerzmittel, und weil sie so stark abgenommen hatte, bekam sie alle zwei Stunden verdünnten Babybrei. Meist nahm sie den Brei freiwillig, nur manchmal musste man sie etwas bitten, was vor allem bei den Nachtfütterungen etwas nervenaufreibend war.

Die regelmäßigen Fütterungen zahlten sich aus, Lilly hatte am nächsten Tag bereits wieder fünfundsechzig Gramm zugenommen. Allerdings ging es ihr sonst unverändert. Zum späten Abend hin verschlechterte sich ihr Zustand sogar noch. Sie wurde immer schwächer und konnte die Hinterbeine gar nicht mehr bewegen, zog sie nur noch hinter sich her.

Beim Tierarzt wurde ein Blutzuckertest gemacht, der allerdings ohne Befund war. Lilly hatte aber Fieber, und das, obwohl sie bereits ein Schmerz- und Fiebermittel bekam. Um die Temperatur wieder runterzubringen, bekam sie für zwei Tage Kortison, dann sollte ich wieder das Schmerzmittel geben und ein Antibiotikum.

Die nächsten drei Tage wurde Lilly weiterhin regelmäßig tagsüber alle zwei bis drei Stunden und nachts alle drei bis vier Stunden verdünnter Babybrei angeboten, weil sie von alleine nicht fraß. Ich kontrollierte nun täglich ihr Gewicht. Die Temperatur war erst nach drei Tagen wieder normal und Lilly ging es ein wenig besser. Sie konnte die Hinterbeine wieder benutzen, lief aber wie betrunken und taumelte hinten stark.

Da es ihr einfach nicht deutlich besser ging, ging es wieder zum Tierarzt. Das Röntgen sprach nach wie vor gegen ein Herzproblem. Zwar war auch auf dem neuen Röntgenbild immer noch eine Verschattung zu sehen, aber der „Schatten" hatte eine dreieckige Form und lag nur links vom Herzen, was untypisch war. Außerdem fielen drei runde „Gebilde" im Beckenbereich auf, die da nicht sein sollten. Hierbei könnte es sich um Tumore handeln oder um geschwollene Lymphknoten, die entweder Nerven oder Gefäße abdrückten und so die Probleme beim Laufen verursachten.

Ein Ultraschall brachte auch kein Licht ins Dunkel. Aber beim erneuten Abtasten stellte der Doc nun fest, dass sämtliche äußeren Lymphknoten vergrößert waren. Somit konnte es sich bei den Gebilden im Beckenraum und am Herzen ebenfalls um vergrößerte Lymphknoten handeln, was den Verdacht auf ein Lymphom lenkte. Das Lilly Fieber hatte, würde ebenfalls dazu passen. Als Sofortmaßnahme bekam Lilly Kortison als Depot für zwei Tage. Das Antibiotikum sollte sie weiterhin bekommen und in drei Tagen wollte der Tierarzt ihr die Leukose-Impfung geben.

Lymphom ist eine Diagnose, mit der ich überhaupt nicht gerechnet hatte und die sehr traurige Erinnerungen an Smart wach rief. Da das aber schon sechs Jahre her war, begann ich sofort in meinen Büchern und im Internet mit der Recherche, um mich auf den neuesten Stand bezüglich der Therapiemöglichkeiten zu bringen.

Wann auch immer beim Frettchen die Rede von Lymphom war, wurde oftmals im gleichen Atemzug die Impfung als vielversprechendste Therapie angepriesen. Auch der Tierarzt wollte das versuchen, da auch er bereits gute Erfolge damit erzielt hatte. Allerdings wies er auch darauf hin, dass die Impfung kein Allheilmittel ist. Auch in einigen Frettchenforen konnte ich lesen, dass dies bei einigen Tieren nicht zum erwünschten Erfolg geführt hatte.

Nach dem letzten Tierarztbesuch ging es Lilly bereits abends um einiges besser. Sie konnte zwar kein Männchen machen, auch wenn sie es zu gerne wollte, aber sie tobte uns mehrfach an, lief fröhlich muckernd durchs Schlafzimmer und war sehr aktiv. Sie versuchte sich sogar an einem Veitstanz, was allerdings nicht klappte, weil ihr die Hinterbeine nicht wirklich gehorchen wollten. Aber Lilly war das egal und sie kugelte sich mit leuchtenden Augen auf dem Teppich. Es war eine Freude, ihr zuzusehen, und machte Hoffnung.

Zwei Tage lang (genau so lange, wie das Kortison wirkte) ging es Lilly um einiges besser. Sie taumelte zwar noch, war aber munter und tobte sogar etwas und fraß auch selbstständig. Dann ging es wieder bergab, sie hatte Probleme beim Laufen und kippte hinten oft weg. Innerhalb nur eines Tages verschlechterte es sich so sehr, dass sie die Hinterbeine nun gar nicht mehr unter Kontrolle hatte und diese nur noch hinter sich herzog. Außerdem hatte sie ihre Blase nicht mehr unter Kontrolle und pullerte ein.

Der Tierarzt stelle fest, dass die Lymphknoten größer geworden waren. Lilly bekam die Leukose-Impfung. Laut Tierarzt sollte sich damit ihr Zustand innerhalb einer Woche deutlich verbessern. Wenn dem so wäre, würde sie in drei Wochen die 2. Impfung erhalten. Wenn sich keine Verbesserung einstellen würde, hätten wir den Kampf verloren ...

Wir ließen uns vom Tierarzt noch zeigen, wie man die Blase manuell entleert, damit wir Lilly wenigstens hier etwas helfen konnten und sie nicht immer unter sich machte. In der nächsten Zeit mussten wir ihre Blase regelmäßig entleeren. Ich stellte mich dabei etwas unbeholfen an, mein Freund hatte den Dreh besser raus, und so war das in der Regel seine Aufgabe.

Ab sofort fütterte ich Lilly auch nachts wieder regelmäßig, da sie wegen ihrer gelähmten Hinterbeine nicht ausreichend selber fressen konnte oder wollte.

Trotz ihrer eingeschränkten Beweglichkeit hatte Lilly guten Appetit, klare Augen und war aufmerksam und an ihrer Umgebung interessiert. Sie wollte sich bewegen, aber es fiel ihr sichtlich schwer, wenn sie wie eine Robbe nur mithilfe der Vorderbeine eine kurze Strecke zurücklegte und die Hinterbeine hinter sich herzog. Der Anblick tat mir im Herzen weh. Ich wollte ihr helfen und legte meine Hand unter ihren Bauch und hob ihn etwas an, damit sie mit dem Bauch und den Hinterbeinen nicht mehr über den Boden schleifte. Lilly fand das Klasse, dass sie nun wieder etwas mobiler war, und lief mit einem Tempo los, das ich nicht erwartet hatte. Sie machte auch Gehbewegungen mit den Hinterbeinen, obwohl diese nun etwas in der Luft hingen und den Boden nicht berührten. Das machte mir Hoffnung.

Auf allen vieren kam ich bei Lillys Tempo nicht hinterher, und auch wenn ich gebückt neben ihr herlief, war sie trotzdem so schnell unterwegs, dass sie mir immer wieder aus der Hand rutschte. Dann hatte ich eine Idee und holte aus der Kommode einen langen weichen Wollschal. Ich hielt oben beide Enden zusammen und legte Lilly mit dem Bauch in die so entstandene Schlaufe. So konnte ich bequem neben ihr hergehen, ohne mich zu verrenken. Ich hätte gedacht, dass Lilly den Schal nicht so ohne Weiteres akzeptiert, aber das tat sie. Sie lief mit dieser Gehhilfe, als wäre es das Normalste der Welt, und war so froh, endlich wieder durch die Bude flitzen zu können. Wenn sie zu schnell wurde oder unter den Tisch oder Schrank lief, schlüpfte sie mir aus der Schlaufe und konnte dann nur noch weiterrobben, bis ich sie wieder in ihre Gehhilfe eingehängt hatte. Aber Lilly dachte ja gar nicht daran, das Tempo etwas zu drosseln. Sie war so happy über ihre zurückgewonnene Mobilität, dass sie sogar richtig rennen wollte, und als ich sie dann auf den Rücken drehe, tobte sie kurz mit meiner Hand. Ich war so stolz auf meine kleine Prinzessin. Sie war so tapfer und lebensfroh und ließ sich einfach nicht unterkriegen, nicht einmal von gelähmten Hinterbeinen.

Die Bewegung hatte scheinbar Lillys Darmtätigkeit angeregt, denn sie machte im Wohnzimmer eine Pfütze und ein Häufchen. Als ich sie kurz darauf zurück in ihr Häuschen brachte, schlief sie müde, aber glücklich ein.

Wann immer Lilly nun wach war und wir das bemerkten, bekam sie die Bauchbinde umgelegt und durfte sich bewegen, bis sie müde war.

Einmal nahm ich Lilly mit ins Schlafzimmer. Das war immer ein ganz besonderes Highlight, denn ins Schlafzimmer durften die Monster nicht so oft, und wenn, dann nur unter Aufsicht. Lilly drehte mit ihrer Bauchbinde neugierig eine Runde und blieb dann vor dem Bett stehen, wo sie wehmütig hochschaute. Frettchen lieben Betten, warum auch immer. Also setzte ich Lilly aufs Bett, und dann ging die Post ab! Lilly war so happy und muckerte und robbte durch die Kissen und tobte mit meiner Hand, dass ich gar nicht wusste, ob ich weinen oder lachen sollte. Als ich sie wieder auf den Boden setzte, wollte sie muckernd Bocksprünge machen, was wegen ihrer gelähmten Hinterbeine natürlich nicht ging. Stattdessen bot ich ihr den Schal und eine Socke zum Toben an und Lilly war glücklich. Nach ein paar Minuten beendete ich den Ausflug, damit sich Lilly nicht überanstrengte, und legte sie im Frettchenzimmer in ein Kuschelkörbchen, aber Lilly wollte noch weiterlaufen, also legte ich ihr noch mal die Bauchbinde an und wir drehten noch eine Runde, und dann suchte sie sich im Wohnzimmer einen Platz zum Schlafen.

Circa fünf Tage nachdem Lilly die Leukose-Impfung bekommen hatte, bekam sie hohes Fieber (bis 41 Grad!), was wir einfach nicht unter Kontrolle bekamen, egal, was die Tierärzte auch versuchten. Ihre Temperatur ließ sich immer nur kurzzeitig wieder in den Normalbereich bringen. Schon zwei oder drei Tage zuvor mäkelte sie hin und wieder am Futter rum und ließ öfter auch Leckerchen oder Paste links liegen. Manchmal stöhnte sie leicht, wenn man sie hochnahm. Ich war mir dann nie sicher, ob sie eventuell Schmerzen hatte. Dann gab es aber auch wieder Phasen, wo sie guten Appetit hatte und fleißig mit ihrer Bauchbinde durch die Wohnung lief.

Der Tierarzt meinte, dass Lillys Symptome für ein Lymphom allein irgendwie nicht passend waren. Er äußerte den Verdacht, dass eine der „Verschattungen", die auf dem Röntgenbild zu sehen waren, eventuell auch ein Tumor sein könnte, der nun in die Wirbelsäule gestreut hatte. Er wollte sich dazu und zum weiteren Vorgehen mit einer ebenfalls frettchenerfahrenen Kollegin austauschen und mir am nächsten Tag Bescheid geben.

Am gleichen Abend war Lilly sehr unruhig, schlief nicht, sondern döste nur und schien Schmerzen zu haben. Es war kaum zu ertragen, zur Hilflosigkeit verbannt zu sein und nichts für sie tun zu können. Mein Freund und ich wechselten uns über Nacht damit ab, ihr Futter anzubieten. Gegen halb vier morgens weckte mich mein Freund, weil Lilly das Futter verweigerte. Ich nahm sie mit zu mir ins Bett und bot ihr alle ein bis zwei Stunden Wasser aus der Spritze an, was sie hin und wieder auch nahm. Egal, wie ich sie hinlegte, Lilly bewegte sich nicht, sondern zitterte nur stark. Als ich ihr stark verdünnten Babybrei anbot, wollte sie fressen, konnte aber offenbar nicht aufstehen. Ich zog den Brei in einer Spritze auf und gab ihn ihr ins Mäulchen und sie nahm ein bisschen. Als ich ihr die Hand unter den Bauch legte, versuchte sie zu laufen, aber sobald sie die linke Vorderpfote aufsetzte, knickte sie bis zur Schulter ein! Ich war entsetzt und hatte nun plötzlich dieses eine bestimmte Gefühl. Diese traurige, schmerzhafte Erkenntnis, dass es keinen Sinn mehr hatte, nur noch Quälerei wäre. Ich sah, wie müde und kraftlos Lilly aussah. Sie hatte gekämpft wie eine Löwin, doch jetzt konnte sie einfach nicht mehr. Mir blieb nur, sie auf ihrem letzten Weg zu begleiten. Wir waren an diesem Morgen die Ersten beim Tierarzt.

Lilly wirkte abwesend. Sie merkte gar nicht, wie die Tierärztin die Spritze setzte, und schlief schnell ein.

Lilly
April 2006 – 24. April 2012

Lilly war stark, selbstbewusst und lebensfroh. Sie brachte mich oft zum Lachen. Sie war mein Charakterfrettchen, das vor nichts und niemandem Angst hatte (außer vor dem Staubsauger) und nie krank war. Ihr Tod kam plötzlich und unerwartet. Meine kleine Walküre wird immer einen Platz in meinem Herzen haben.

Sammy hat nach Lillys Tod sehr stark getrauert. Da er ja ein kleines Weichei war, hatte er sich immer sehr an seiner Schwester orientiert. Die ersten Tage hat er zwar gefressen und ließ sich auch recht einfach zum Toben animieren, aber sonst lag er nur da und starrte Löcher in die Luft. Kuscheln wollte er in dieser Zeit auch nicht wirklich. Es tat mir schon sehr im Herzen weh, ihn so trauern zu sehen.

Nach zwei Wochen hatte Sammy das Schlimmste überwunden und benahm sich wieder relativ normal, und nach etwa vier Wochen hatten sich alle an die geänderte Situation gewöhnt. Kallie vermisste seine Tobepartnerin, aber er hatte ja noch Fiby zum Balgen. Auf diese hatte ich ein spezielles Auge, da ich mir Sorgen machte, wie sie mit der neuen Chefposition umgehen würde. Würde sie Sammy jetzt noch mehr triezen als sonst? Doch Fiby überraschte mich. Ihr Verhalten Sammy gegenüber wandelte sich komplett. Sie ärgerte ihn gar nicht mehr, sondern war nett und freundlich zu ihm, schlief oft bei ihm und bezog ihn auch in ihre Spiele mit ein. Sammy war anfangs skeptisch, genoss es dann aber sehr, dass Fiby sich so um ihn kümmerte und sich teilweise fast schon an ihm orientierte. Das machte ihn irgendwie etwas selbstbewusster, und er tobte nun regelmäßig mit den beiden Lütten, was allen Beteiligten und auch uns als Zuschauer viel Spaß machte.

Mit Geduld und Spucke

Kallie war schon ein Fall für sich. Er war das erste Frettchen, das ich so gesehen nicht vollständig zahm bekam, denn nach wie vor biss er. Zwar nur in Fingernägel, aber dann mit Schmackes bis aufs Blut. Warum nur Fingernägel? Ansonsten biss er nirgendwohin, selbst ins Gesicht konnte man ihn ohne Probleme lassen. Der kleine Kerl war und blieb ein Rätsel.

Wir hatten uns recht schnell, sozusagen aus Selbstschutz, angewöhnt, Kallie einfach anders anzufassen als die anderen. Es war kein Problem ihn zu handeln, man musste eben nur die Fingerkuppen vor Kallie verstecken. Nun ja, ein paar Einschränkungen gab es schon. Zum Beispiel konnten wir nicht mehr einfach so die Hand ins Schlafhäuschen stecken, um mal eben kurz zu ertasten, wie viele Frettchen denn da drinnen waren. Aber das war ja kein Drama. Trotzdem wurmte es mich, dass ich mich von der halben Portion teils so in Schach halten ließ.

Unseren Sommerurlaub verbrachten wir wieder im Frettchenbungalow. Bei Temperaturen um 30 Grad hatte ich keine Lust, in Schuhen rumzulaufen (ja, Zehennägel liebte Kallie genauso wie Fingernägel!), und so fasste ich den mutigen Entschluss, mich dem kleinen Beißer barfuß zu stellen.

Erstaunlicherweise war Kallie an meinen nackten Füßen überhaupt nicht interessiert. Er hatte ja auch bessere und wichtigere Dinge zu tun, wie Löcher und Tunnel graben, Nacktschnecken aufstöbern, sich im feuchten Gras wälzen oder bei den Gastgeberfrettchen am Zaun vorbeischauen.

Als wir nach unserem Urlaub wieder zu Hause waren, waren meine Füße schon interessanter für den kleinen Knilch. Aber er beließ es dabei, an meinen Zehen zu schnüffeln oder mal dran zu lecken. Also fasste ich meinen Mut zusammen und hielt Kallie meinen Daumen vor die Nase. Er schnupperte kurz und nahm ihn dann zwischen die Zähne, biss aber nicht zu. Nach ein paar Augenblicken ließ er meinen Daumen wieder los und ich lobte ihn ausgiebig. Ich übte nun täglich mit Kallie und war über das Ergebnis sehr überrascht. Oft nahm er die Finger noch zwischen seine Zähne, manchmal auch recht fest. Wenn ich ihn dann ermahnte, ließ er aber in der Regel sofort los. Und manchmal schnupperte er auch einfach nur an meinen Fingern und interessierte sich nicht weiter dafür.

Beim Toben vergaß Kallie sich öfter noch und war sehr grob, und auch wenn er bockig war, weil er seinen Willen nicht bekam, musste ich meine Finger noch in Sicherheit bringen, aber es wurde von Woche zu Woche besser. Und schlussendlich, fast zwei Jahre nachdem er bei uns eingezogen war, konnte ich Kallie ohne Angst meine Finger vor die Nase halten.

Kleine fiese Quälgeister

Mitte August 2012 bemerkte ich eine Veränderung bei Sammy. Er war zwar morgens und abends in der Wohnung unterwegs, tobte aber gar nicht mehr. Fressen tat er aber gut und sein Gewicht war auch konstant. Allerdings war er oft sehr blass um die Nase und legte sich öfter unvermittelt hin und starrte Löcher in die Luft. Auch rutschte er nach dem Klogang auffällig oft und lange mit dem Hinterteil über den Boden. Ich stellte ihn dem Tierarzt vor, weil ich befürchtete, dass eventuell seine Analdrüsen verstopft waren. Dem war nicht so, trotzdem drückte der Doc sie sicherheitshalber aus.

Ende August rief mich mein Freund dann nachmittags auf der Arbeit an und meinte, ich solle sofort nach Hause kommen, Sammy ginge es schlecht. Ich ließ alles stehen und liegen und fuhr nach Hause. Sammy sah hundeelend aus. Er zitterte extrem, war leichenblass, verweigerte Futter und Wasser und versteckte sich immer wieder unter dem Tisch oder hinter der Gardine. Mit viel gutem Zureden nahm er mir dann doch etwas Wasser und leicht verdünnten Babybrei ab. Kurz danach ging er aufs Klo. Schon am Geräusch hörte ich, dass er Durchfall hatte, und wollte mir das genauer anschauen. Im Klo fand ich dann offenbar reines, tiefdunkelrotes Blut! Sammy hörte nun auf zu zittern und wirkte etwas entspannter. Ich sammelte den Durchfall mit einer Spritze auf, packte Sammy ein und ging sofort zum Tierarzt.

Sammys Temperatur war normal, er hatte weder Fieber noch Untertemperatur. Aber sein Bauch war stark aufgebläht und gluckerte. Es wurde eine Darmentzündung festgestellt. Sammy bekam Antibiotika und etwas zum Aufbau der Darmflora verschrieben und als Sofortmaßnahme etwas zur Entkrampfung gespritzt. Einer inneren Eingebung folgend sprach ich das Thema Giardien an und bat um einen entsprechenden Test. Das Ergebnis würde morgen vorliegen.

Sammy bekam ab sofort alle 4 Stunden (auch nachts) leicht verdünnten Babybrei angeboten, damit er nicht austrocknete. Er nahm den Brei auch immer brav und hatte nur noch einmal leichten Durchfall. Danach war sein Kot wieder geformt, jedoch eher krümelig oder speckig glänzend.

Am nächsten Tag bekam ich dann von meiner Tierärztin die Information, dass der Giardientest positiv war. Wo wir die Dinger herhatten, blieb ein Rätsel. Wenn wir uns mal mit anderen Frettchenhaltern trafen, was ja (leider) recht selten vorkam, nahmen wir unsere Tiere nie mit. Wenn Leute zu uns kamen, durften sie ihre Frettchen nicht mitbringen. Wo also kamen die Giardien her?

Sammy ging es inzwischen auch nicht wirklich besser, außer dass der Durchfall weg war. Er schlief nicht mehr entspannt, sondern rollte sich immer nur zusammen wie eine Katze und schlief gar nicht mehr so frettchentypisch verrenkt auf dem Rücken mit den Vorderpfoten in der Luft. Er hatte einen sehr leichten Schlaf und war bei jedem Geräusch und jeder Bewegung sofort wach. Wenn er unterwegs war, sackte er immer mal wieder mitten im Raum zusammen. Sein Bauch war nach wie vor stark aufgebläht, aber weich. Ab und an ließ er sich von mir eine Bauchmassage gefallen. Gegen die Blähungen bot ich ihm Fencheltee an, den er unverdünnt ablehnte, aber mit etwas Babybrei nahm. Helfen tat es ihm leider nicht wirklich.

Zur Bekämpfung der Giardien verschrieb die Tierärztin nun Tabletten. Da Giardien ansteckend waren und davon ausgegangen werden musste, dass auch Fiby und Kallie sie hatten (obwohl sie völlig unauffälligen Kot hatten), mussten alle drei behandelt werden. Das Mittel sollte gut verträglich sein, eine Nebenwirkung könnte jedoch sein, dass sich der Durchfall verschlimmern würde. Wie sinnvoll ist es eigentlich, dass ein Medikament zur Bekämpfung von Darmparasiten als Nebenwirkung Durchfall erzeugen kann ...?

Allein mit Medikamenten wäre den Giardien aber nicht beizukommen, denn die sollten laut Tierärztin sehr hartnäckig sein. Die Frettchenforen waren voll mit Beiträgen zu diesem Thema, offenbar waren Giardien recht weit verbreitet. Da mich dieses Thema bislang nie betraf, hatte ich die entsprechenden Threads auch nie gelesen. Jetzt bekam ich von meiner Tierärztin einen Crashkurs. Die nächste Kotprobe sollte frühesten in zwei Wochen erfolgen. Leider würde der Test auch dann positiv ausfallen, wenn tote Giardien im Kot enthalten waren, und das sei wohl bis zu drei Wochen nach Behandlungsende möglich.

Ich besorgte mir in der Apotheke Desinfektionsmittel und wieder zu Hause ging es sofort ans Werk. Die gesamte Wohnung wurde desinfiziert, alle Kuscheldecken gewechselt und bei 60 Grad gewaschen und wenn möglich im Trockner getrocknet. Alle drei Tage wurden die Kuscheldecken nun gewechselt. Die Futternäpfe spülte ich sowieso mit heißem Wasser aus, nun aber auch den

Wassernapf. Die Streu in den Katzenklos wurde nun täglich komplett ausgewechselt und die Klos mit heißem Wasser ausgespült und desinfiziert.

Vorerst mussten wir die Frettchen in ihr Zimmer verbannen. Es tat mir in der Seele weh, aber es war einfacher, ein einzelnes Zimmer täglich von oben bis unten zu putzen und zu desinfizieren als eine komplette, einhundert Quadratmeter große Wohnung. Fiby und Kallie hatten sich nach zwei Tagen damit abgefunden und tobten dann eben nur durchs Frettchenzimmer. Aber Sammy kam damit nicht so gut klar. Er zog sich sehr zurück und kam eigentlich nur zum Fressen aus seinem Körbchen oder um aufs Klo zu gehen. Ich hatte das Gefühl, er war etwas depressiv. Vor fast zwei Jahren mussten wir damals Lilly und Sammy ja auch einmal für ein paar Wochen im Frettchenzimmer „einsperren", weil Fiby ansteckend war. Schon damals kam Sammy (und auch Lilly) damit nicht gut klar. Um ihn etwas aufzumuntern und abzulenken und vor allem, weil ich Angst hatte, durch seine Inaktivität würden sich seine Blähungen noch verschlimmern, ging ich mit Sammy nun ein oder zwei Mal täglich für ein paar Minuten draußen an der Leine spazieren. Er zeigte mir schon, wann er wieder reinwollte, indem er zurück zur Haustür lief und dort stehen blieb. Mal lief er nur ein paar Schritte, bis er wieder kehrtmachte, mal war er sieben Minuten stramm unterwegs, je nach seiner Tagesform. Aber so hatte er etwas Abwechslung.

Die Tabletten zu verabreichen war kein Problem. Zermahlen unter Babybrei gemischt nahmen die Frettchen sie sofort. Aber so gut verträglich waren sie dann doch nicht. Am besten kam noch Kallie klar. Er hatte am ersten Tag einmal heftigen wässrigen Durchfall, danach war sein Kot aber meist in Ordnung. Bei Fiby standen die Chancen fifty-fifty – mal war ihr Kot in Ordnung, mal war er matschig oder krümelig oder speckig glänzend. Sammy traf es am schlimmsten. Ich konnte die Uhr danach stellen, viereinhalb Stunden nach der Tablettengabe bekam er heftigen wässrigen Durchfall und sein Kot war erst nach frühestens einem halben Tag wieder zumindest breiig. Außerdem hatte er ständig einen schlimmen Blähbauch. Ich versuchte alles Mögliche, aber weder Babybrei noch Fencheltee oder sonst was half gegen den Durchfall. Nur mit einem Mittel aus Flohsamenschalen konnte ich halbwegs gute Erfolge erzielen. Der Durchfall war dann nur breiig und nicht mehr wässrig.

Nach vier Tagen schien es Sammy etwas besser zu gehen. Er war aktiver und hatte wieder ein rosa Näschen und sein Bauch war auch nicht mehr so stark aufgebläht. Nach fünf Tagen machten wir zwei Tage Tablettenpause, und schnell wurde auch der Kot von Fiby und Sammy wieder etwas normaler.

Ich hatte inzwischen Kontakt zu einer Frettchenhalterin aufgenommen, die nur ein paar Kilometer entfernt wohnte und Giardien gerade erfolgreich bekämpft hatte. Ich holte mir einige Tipps und vor allem bekam ich nun ein wirksames Desinfektionsmittel. Die Lösung wurde mittels einer Sprühflasche verteilt und konnte auch auf Teppichen und der Couch angewendet werden. Da das Mittel etwas nach Chlor roch, sprühte ich das Schlafzimmer immer morgens ein, sodass der Geruch bei guter Lüftung bis zum Abend verflogen war. Das Wohnzimmer wurde immer abends eingesprüht und bis zum nächsten Morgen war auch hier der Geruch verflogen. Auch die Klos und Kuschelsachen wurden nun damit eingesprüht und nach dem Trocknen heiß gewaschen.

Nachdem ich nun genug Vorkehrungen zum Vernichtungsfeldzug gegen die Giardien getroffen hatte, konnten nach sechs Tagen die Frettchen endlich wieder auch im Wohnzimmer laufen. Fiby verwandelte sich sofort in einen Kugelblitz. Aufgeplustert und total verzückt flitzte sie kreuz und quer durchs Zimmer und tanzte und schlug Purzelbäume vor lauter Begeisterung. Selbst Sammy, der ja in den letzten Tagen kaum für etwas zu begeistern war, hüpfte nun voller Energie umher. Nur unser Spezialfall Kallie ließ sich nicht blicken. Eine knappe Woche hatte scheinbar ausgereicht, um ihn glauben zu lassen, dass seine Welt nur noch bis zur Schwelle des Frettchenzimmers ging. Als ich nach ihm sah, stand er unschlüssig mitten im Frettchenzimmer und wunderte sich, wo Fiby und Sammy denn waren. Ich setzte mich vor die Türschwelle und lockte ihn. Kallie plusterte sich auf, machte aber keine Anstalten zu kommen, sondern ging ein paar Schritte zurück. Kopfschüttelnd schnappte ich mir den kleinen Hosenschisser und setzte ihn mitten im Wohnzimmer wieder ab. Dann war der Damm gebrochen und Kallie tobte mit den anderen beiden durch die Bude.

Nach zwei Tagen Pause folgten wieder fünf Tage Tablettengabe. Diesmal fielen die Nebenwirkungen nicht ganz so heftig aus. Am ersten Tag hatte noch keines der Frettchen Probleme. Ab dem zweiten Tag stellte sich dann bei Fiby wieder ab und an breiiger Kot ein und Sammy hatte auch wieder Durchfall. Allerdings nur einmal wirklich heftig und dann normalisierte sich der Kot wieder. Und auch die Blähungen waren diesmal nur ganz leicht ausgeprägt.

Zwei Wochen nach Ende der Giardien-Behandlung ließen wir erneut eine Kotuntersuchung machen. Dazu sollte ich den Kot aller Tiere über drei Tage sammeln. Während dieser Zeit sollte ich den Kot in einem gut verschlossenen Behältnis im Kühlschrank aufbewahren. Ich nehme ja viel für meine Tiere in Kauf, aber Frettchenscheiße im Kühlschrank ist wirklich grenzwertig.

Der Test war leider noch positiv. Aber da die Tierärztin ja bereits erklärt hatte, dass auch tote Giardien zu einem positiven Ergebnis führen würden und diese bis zu drei Wochen nach Behandlungsende noch ausgeschieden werden, warteten wir eine weitere Woche ab und ließen dann nochmals eine Sammelkotprobe untersuchen. Und diese war dann negativ. Der Spuk war vorbei!

Bittere Medizin

Wer kennt das nicht – irgendwann waren die Monster leider auch mal krank, und dann musste man in der Regel Medikamente geben. Je nachdem, was man geben musste und wie sensibel das kranke Tier war, konnte das eine echte Herausforderung sein.

Ich habe die Erfahrung gemacht, dass in der Regel Tabletten leichter zu verabreichen waren als Flüssigkeiten, da Tabletten meist geschmacksneutral waren. Die meisten Tabletten ließen sich gut zermörsern und dann unter Paste oder Babybrei mischen. Diese Mogelpackung fiel den meisten Frettchen gar nicht auf. Ich hatte bisher nur eine Fähe, die die Täuschung bemerkte und dann etwas überredet werden musste.

Bei Medizin in flüssiger Form war der Schwierigkeitsgrad schon etwas höher. Manche Frettchen (in den meisten Fällen waren es Rüden ...) hatten auch damit keine Probleme, wenn nur genug Babybrei dabei war. Die Herren waren meistens so gierig, dass sie, wenn überhaupt, erst zum Ende hin bemerkten, das der Brei irgendwie anders schmeckte. Die Fähen rümpften aber auch dann oft die Nase, wenn Brei daruntergemischt war. Oftmals half es dann, ihnen einen kleinen Klecks auf die Nase zu geben, den sie dann ableckten und merkten, dass es nicht so schlimm schmeckte, wie es roch. Ich hatte aber auch schon sehr sture Exemplare, für die ich den Medikamentenbrei in einer Spritze aufziehen und dann ins Maul geben musste. Je nachdem, wie sehr sich die Dame wehrte und wie geschickt ich war, landete mehr oder weniger von dem Brei im Frettchen oder auf meinen Klamotten.

Vor eine ganz neue Herausforderung stellte mich die vom Tierarzt verordnete Gabe von Zäpfchen! Sammy hatte einen Darmvorfall, und dieser sollte neben Salbe auch mit Zäpfchen behandelt werden. Schon die Sache mit der Salbe war schwierig. Nicht die Gabe selber, sondern dafür zu sorgen, dass sie auch dort blieb, wo sie hinsollte. Sobald man ihm das Zeug auf den Po schmierte, wollte Sammy es sofort wieder ablecken. Ich lenkte ihn mit Paste und allerlei Leckerchen ab, aber das klappte nur für 10 Minuten, dann war selbst das gefräßigste Frettchen satt und widmete sich wieder dem nassen Pöker. Ich konnte nie sicher sein, dass die Salbe genug Zeit hatte, einzuziehen und ihre Wirkung zu entfalten.

Die Zäpfchen, von denen er natürlich kein ganzes bekam, konnte ich ihm nicht alleine verabreichen. Mein Freund musste Hilfestellung leisten. Ich legte Sammy rücklings auf ein Kissen und mein Freund hielt ihm zur Ablenkung die Paste vor die Nase. Sobald ich auch nur versuchte, sein Hinterteil zu berühren, war sofort Spannung im Körper. Sammy versuchte, sich mit den Hinterbeinen an meiner Hand abzustützen, was den Effekt hatte, dass er den Po fest zukneifen konnte. Ich musste also da rankommen, ohne dass er sich bei mir abstützen konnte. Und das nur mit einer Hand, denn in der anderen hatte ich ja das Zäpfchen. Nach einigem Gerangel klappte das dann auch, und ich führte vorsichtig das Zäpfchen ein und war ganz stolz auf mich, dass es doch recht schnell und ohne größere Probleme geklappt hatte. Meine Freude dauerte aber nur einen Augenblick, denn Sammy presste nur einmal kurz, und das, ohne das Schlecken an der Paste zu unterbrechen, und schwupp war das Zäpfchen wieder draußen. 1:0 für Sammy. Mein Freund lachte, und auch ich musste grinsen, denn es sah schon recht lustig aus, mit welcher Coolness sich Sammy dieses Fremdkörpers entledigte. Also zweiter Versuch. Das Zäpfchen musste irgendwie ein kleines Stück weiter rein. Also nahm ich ein Wattestäbchen zu Hilfe und das klappte auch. Es stand jetzt 1:1. Ein paar Minuten später ging Sammy aber aufs Klo, obwohl er erst kurz vorher ein Häufchen abgesetzt hatte. Neben etwas Kot landeten dann auch die Reste vom Zäpfchen im Klo. Okay, für heute hatte Sammy gewonnen.

Wir versuchten es am nächsten Tag erneut, aber wieder nur mit mäßigem Erfolg. Ich konnte Sammy zwar das Zäpfchen recht schnell verabreichen, aber er hatte danach sofort den Drang, aufs Klo zu gehen, wovon er sich auch nicht mit Paste oder Leckerchen abhalten ließ. Ein Teil davon landete also wieder im Klo, bevor es wirken konnte.

Danach gab ich auf, zumal wir den Darmvorfall auch allein mit der Salbe gut in den Griff bekamen und die Sache nach einer knappen Woche erledigt war.

Schlusswort

Mit Abschluss des zweiten Teils meines Buches wisst ihr nun, was ich in den knapp 13 Jahren als Frettchenhalter so alles erlebt habe. Ich hatte viel Freude mit den kleinen Chaoten, aber auch viele schlimme und traurige Momente. Nach wie vor bin ich froh, dass Anfang 2000 diese kleinen Monster in mein Leben getreten sind, und ich möchte sie nicht mehr missen.

Auch diesmal möchte ich wieder darauf hinweisen, dass dies kein Fachbuch ist. Alles, worüber ich berichtet habe, habe ich bei meinen eigenen Tieren beobachtet und erlebt. Man kann das nicht unbedingt pauschalisieren und auf alle Frettchen übertragen. Dafür sind die Fellmurmeln einfach viel zu individuell.